KB154756

소통
유머

인간관계의 장벽을 뛰어넘는

소통유머

대한민국 유머 강사 1호 **김진배** 지음

🌱 나무생각

관계가 수단으로 변하면
유머와 웃음은 사라진다

마르틴 부버가 이런 말을 했다.

"인간관계는 다음 두 가지로 나뉜다. Ich-Du(나와 너, I-You) 그리고 Ich-Es(나와 그것, I-It)."

나와 너의 관계는 서로 존중하는 주체와 주체의 관계이다. 반면 나와 그것이라고 칭하면 상대는 그저 나의 목적을 이루는 도구일 뿐이다. 마음 깊은 곳을 들여다보자. 나는 과연 가족, 친구, 이웃, 청중, 독자를 어떻게 대하는가? 그들은 나에게 목적인가, 도구인가? 나는 그들의 행복을 바라는가, 아니면 내 성공의 디딤돌에 불과한 존재로 여기는가?

인간관계가 아름다울 때 유머와 웃음이 넘친다. 우리는 이것을 '소통'이라고 말한다. 인간관계가 파괴된 사회에서는 유머와 웃음도 함께 사라진다. 오직 목적을 위한 대화와 긴장된 관계만 있을 뿐이다. 말 그대로 소통이 이루어지지 않는 형식적인 관계이다.

부부 사이, 부모 자식 사이, 기업과 고객 사이에 유머가 첨가되면 형식적 관계가 실질적 관계로 변하고 죽었던 관계가 살아난다. 차가웠던 관계가 따뜻하게 바뀐다. 수단 관계에서 목적 관계로 발전한다.

현대사회는 참관계, 참만남, 참소통이 드문 세상이라고 말한다. 단군 이래 가장 인구밀도가 높은 시대에 살고 있건만 현대인은 외롭다. 주위에 사람은 많으나 진정한 관계를 만들지 못하고 있기 때문이다. 인격으로 만나지 못하고, 마음으로 만나지 못하고 서로를 그저 나의 성공을 위한 수단으로 여긴다. 그래서 오가는 말을 들어보면 사람의 음성이 아니라 녹음된 기계음이 흘러나오는 듯하다. 내가 그를 당신이 아닌 그것으로 여기니 그도 나를 그것으로 여긴다. 명동을 가도 신촌을 가도 사람이 움직이는 게 아니라 화물이 움직이는 것 같은 착시현상을 느낄 때가 한두 번이 아니다. 도로는 컨베이어 벨트, 사람은 포장된 화물. 우리에게 소통을 위한 유머가 절실하다.

관계가 살아나면 참다운 소통이 이루어진다. 기계적 관계를 맺고 있을 때 말은 기껏해야 고막까지 도달할 뿐이지만, 사랑의 말은 상대의 가슴을 파고든다. 앞의 것이 소음이라면 뒤의 것은 소통이라 할 수 있다. 월드컵에서 우리나라 선수들을 응원할 때 우리 모두 경험했던 소통을 생각해보자. 함께 갈망하고 함께 울고 웃으며 진정한 소통을 느꼈고 우리는 행복했다.

유머란 이런 것이다. 함께 울고 웃는 것이다. 그렇게 소통하면서 행복해지는 것이다.

4장

성공한 사람들에게 있는 소통의 비밀

5장

유머로 소통하는
10가지 기법

1장

긍정적으로
자신을 인정하라

자신을
사랑하라

의자에 앉아서 지휘봉을 흔드는 지휘자 제프리 테이트는 세계에서 가장 모범적이고 훌륭한 지휘자 중 한 사람이다. 하반신 장애를 가졌지만 명지휘자로 유명한 그에게 기자가 물었다.

"그 몸으로 어떻게 지휘봉을 잡으시는지요?"

"저만의 노하우가 있답니다."

"어떤?"

"오른손으로 잡아요."

만약 오른손이 장애라면 아마 이리 말했을지 모른다.

"왼손으로 잡으면 됩니다."

단순하면서도 정말 위대한 정신을 보여주는 말이다. 테이트, 내가 여자라면 데이트하고 싶은 남자다. 언제고 그를 만나면 그 오른

손을 꼬옥 잡아보고 싶다.

세상에서 가장 중요한 건 무얼까? 누가 뭐라 하든 가장 중요한 건 바로 '나'다. 타인과의 관계도 중요하지만 자신과의 관계는 더욱 중요하다. 자신과의 관계를 다지지 못한 사람은 타인과의 관계를 형성해나갈 수 없다.

이를 자기 긍정의 태도, 자긍심이라 하는데, 자긍심을 키우는 데는 유머가 최고다. 유머는 희망과 변화를 품고 있기 때문이다. 열등감, 패배감, 피해의식 등 마음을 괴롭히는 모든 것들을 아무것도 아닌 것으로 만드는 데 유머만 한 것이 없다.

어린 시절 나는 소심하고 내성적인 아이였다. 집안이 가난했던 것도 내성적인 성격이 형성되는 데 한몫했다. 초등학교 시절 말끝마다 '에~' 자를 잘 붙이는 담임 선생님이 있었다. 가정환경 조사를 했던 기억이 지금도 생생하다.

"에…… 오늘은 가정환경 조사를 하겠다. 에…… 거짓말하는 사람은 각오해라. 에…… 나중에 조사해서 에…… 다르면 에…… 박살난다. 에…… 그럼 먼저 집에 자가용 있는 사람 손들어봐라."

평지에 살던 친구들 중 몇 명이 손을 들었다. 그러나 산꼭대기 판자촌 달동네, 바로 우리 동네 애들은 한 명도 들지 않았다.

"이어서 에…… 전축 있는 사람, 에…… 자전거 있는 사람, 에…… 전화, 티비, 선풍기…… 확실히 들어라."

우리 동네 애들은 기가 죽어서 그저 침묵만 지키고 있었다. 그러다 마지막에 우리도 손을 번쩍 들 기회가 생겼다.

"마지막으로 에…… 냄비 있는 사람!"

벤치 멤버라서, 열등반이라서, 얼꽝이라서…… 수많은 이유로 우리의 자긍심은 한없이 추락한다. 우리나라 사람 75퍼센트가 각종 열등감과 피해의식에 사로잡혀 있다는 조사 결과도 있다.

청년 시절 영어학습 테이프 세일즈를 할 때다. 실적급을 받는 임시직이기에 정직원에 비해 열등감이 많았다. 하지만 우리 사업소 소장님은 매일같이 우리의 자긍심을 키워주었다.

"상품을 아무리 잘 만들어도 안 팔리면 소용이 없어요. 그러므로 여러분이 우리 회사에서 가장 중요한 멤버입니다!"

자신을 사랑하지 않으면서 남을 사랑한다는 건 불가능하다. 하물며 타인에 대한 존중과 배려는 더욱 어렵다.

세상의 골치 아픈 일이나 당신을 위축시키는 스트레스를 단숨에 부숴버리고 싶다면 유머를 선택하라. 그리하여 스스로를 행복한 인생, 자신감 넘치는 인생으로 인도하라.

사람들이 장미의 아름다움에 감탄을 보내자 옆에 핀 백일홍이 부러워했다. 그러자 장미가 말했다.

"백일홍 님 저를 부러워하지 마세요. 저의 아름다움은 극히 짧은 기간뿐이지만 백일홍 님은 백 일 동안이나 피어 있을 수 있지 않습니까?"

벚꽃은 탐스럽게 예쁘지만 겨우 일주일 간다. 장미는 열흘 간다. 그 길다는 산수유 꽃도 오십일 간다. 백일홍은 백 일 붉어 '백일홍'이다. 꽃이든 사람이든 우리는 모두 사랑받을 이유가 있다.

나를 이기면
세상을 이긴다

혜가가 스승 달마에게 지혜를 구했다.

"스승님 제 마음을 평안하게 해주십시오."

"그 마음을 가져오너라. 평안케 해줄 테니."

혜가가 한참 생각한 후 말했다.

"아무리 찾아도 마음을 찾을 수가 없습니다."

그러자 스승은 빙그레 웃으며 말했다.

"내가 이미 네 마음을 평안케 했느니라."

중국 선종(禪宗)의 창시자인 달마대사는 걱정의 근원이 마음에 있음을 깨달았다. 마음만 다스리면 세상은 천국임을.

누가 당신을 괴롭히는가? 누가 당신을 우울하게 만드는가? 세상 돌아가는 모습을 보면 울화가 치민다. 정치가 꼬이고 물가는 오르고 안보도 위태롭고 청문회의 위선적 나으리들을 보면 혈압이 오른다……. 비용은 반으로 줄이고 성과만 높이라는 상사의 요구가 답답하다. 어려운 경제 상황에 집 한 칸 물려주지 않은 부모님을 원망한다. 그럼 자식은? 고생고생 키워놨건만 속만 썩인다. 어디서고 우리가 행복할 이유를 찾을 수 없다. 그렇다면 우리는 모두 불행한가?

우리 삶에서 가장 큰 비중을 차지하는 것은 직장 상사도 부모도 자식도 아니다. 그들이 차지하는 비중은 우리 고민의 3퍼센트 정도. 내 행복과 고통의 97퍼센트 원인 제공자는 바로 나다. 내가 바로 세상의 중심이다. 내가 웃으면 세상이 웃는다. 나를 이기면 세상을 이길 수 있다. 돈 없으면 어떠랴? 내가 행복하겠다는데. 사고 싶은 것을 사지 못해서 불편할 때도 있지만 그것 또한 어떠랴? 내가 웃겠다는데. 백수면 어떠랴? 인생이 즐거워 미치겠다는데.

그렇다면 어떻게 내 마음을 행복하게 만들까?

로버트 버턴(1621년《우울증의 해부학》집필)은 이미 17세기에 다음과 같이 말했다.

1 웃음은 피를 깨끗하게 한다.
2 웃음은 육체를 활기차게 한다.
3 웃음은 우울증을 치료한다.

세월이 흐른 후 20세기의 학자 리 버크와 스탠리 텐(캘리포니아 의대 교수)도 비슷한 임상 결과를 발표했다. 10명의 남자에게 한 시간짜리 폭소 비디오를 보여준 후 검사를 하자 체내 병균을 막는 항체

인 인터페론 감마 호르몬의 다량 분비(200배)가 발견되었다고 한다.

1 웃음은 에피네프린과 도파민 같은 스트레스 호르몬의 감소를 가져온다.
2 웃음은 질병과 싸우는 백혈구의 양을 증가시킨다.
3 웃음은 면역체 반응을 조직하는 데 도움을 주는 T세포를 증가시킨다.
4 웃음은 항체 면역글로불린 A를 증가시킨다.

웃음이 사라져버리면 몸은 물론이고 우리의 마음과 영혼도 파괴된다. 사람들과 이야기를 나누다 보면 종종 거대한 벽에 부딪히는 기분이 든다. 마음이라는 목적지로 발송한 내 말이 기껏 그의 귀까지만 도달할 때가 있다.

상처받고 불행한 마음에서 건강한 소통은 이루어질 수 없다. 그러므로 우리 삶의 적은 외부에 있는 것이 아니라 바로 내 안에 있다. 나를 이겨야 세상을 이길 수 있다.

유머를 가까이하라. 마음이 즐거워질 것이다. 적극적으로 웃어라. 행복이 함께할 것이다. 이청용이 그라운드에 들어가면 팀에 활력이 생기듯 웃음이 내 안에 들어오면 영혼이 살아날 것이다.

생각을 바꾸고
관계를 살린다

소크라테스의 아내가 악처인 것은 새삼 밝힐 것도 없이 유명한 이야기다. 남편은 만인이 존경하는 대철학자였지만 아내는 천하의 순악질 여사였다. 걸핏하면 욕에, 손찌검에…… 정말이지 너무나 안 어울리는 커플이었다. 하지만 소크라테스는 사람들이 처복이 없다고 위로할 때마다 이렇게 말했다.

"허허, 모르는 소리! 좋은 마누라를 얻으면 단지 행복한 남자지만 악처를 얻으면 위대한 철학자가 된다네!"

사나운 아내는 소크라테스에게 부끄러움이었다. 허나 그 단점에 유머가 첨가되는 순간 상황은 180도 바뀌었다. 악처는 단점이 아니라 장점이 된 것이다.

단점이란 남보다 부족하다고 생각되는 부분이다. 그래서 숨기고

싶고 감추고 싶다. 강의 중 만나는 사람마다 고민을 이야기할 때면 자신의 단점부터 늘어놓는다. 가방끈이 짧다, 가난하다, 배경이 없다, 내성적이다, 장애가 있다, 인기가 없다, 이름이 이상하다, 나이가 많다……. 대부분의 사람들이 참 많은 단점을 가지고 있다.

나는 이름 콤플렉스가 있었다. 김진배. 좀 박력이 없어 보인다고 생각했다. '철'이나 '준' 자가 들어가는 남자다운 이름이었으면 좋았을 텐데, 하고 생각했다. 하지만 생각을 바꾸었다.

김진배가 어때서! 받침을 빼면 기지배. 기·지·배 강사. 그렇게 말하고 다녔더니 사람들이 쉽게 기억했다. 강의가 업인 사람으로서 이보다 더 홍보 효과가 높은 이름이 어디 있는가. 바꾸어 생각하니 일 년에 수백만 원 이익을 가져오는 효자 이름이었다.

필자가 유머센터에서 6개월 훈련시킨 강사가 있다. 장길수. 68세의 시각장애인 1급이다. 처음엔 무대에 서는 것을 겁냈다. 유머로 무장한 지금 복지관 어르신들을 울리고 웃기는 최고 스타강사로 변신했다. 신입회원들이 물었다.

"시각장애가 있는데도 어찌 그리 사람들을 휘어잡으세요?"

장 강사가 능청맞게 한마디한다.

"무대가 잘 안 보이니까 무대공포증이 없고요, 사람들이 잘 안보이니까 대인공포증도 없어요. 오히려 시각장애가 감사해요."

얼마 전 한 회사의 조찬 강의에서 있었던 일이다. 강의를 막 시작했는데 한 사람이 쭈뼛거리며 들어왔다. 내가 빤히 쳐다보자 동료들이 그를 발견하고 킬킬 웃어댔다.

"지각이시군요. 3분씩이나."

내 한마디에 그의 얼굴은 서해안 일몰보다 더 붉어지고, 몸은 거의 기역 자로 꺾여버렸다. 이어지는 반전의 한마디.

"저런 분이 성공합니다. 3분이야 지각도 아니죠. 30분 지각한 사람에 비하면. 박수를 쳐드립니다!"

지각한 사람은 부끄러움을 느낀다. 사장은 회사 망신 주는 지각생이 밉다. 강사는 강의 분위기가 산만해지는 것을 걱정한다. 그러한 때에 웃음이 터지자 지각생과 동료 직원, 사장님, 강사의 관계가 다 살아났다. 부정적 요소가 유머를 만나니 박수와 칭찬이란 긍정적 상황으로 바뀌었다.

지하철에 남자 세 명이 탔다. 한 남자가 뚱뚱한 남자를 가리키며 말했다.

"이 친구는 꼭 두 사람 좌석을 차지한다니까. 자네, 부끄러운 줄 알라고."

그러자 뚱뚱한 남자의 얼굴은 금세 홍당무가 되었다. 이때 옆에 있던 다른 남자가 말했다.

"그런 소리 말아. 이 친구가 자리를 양보하면 한 번에 두 사람이 앉을 수 있잖아!"

"나이가 많다고? 마흔이 넘어서 속상해? 괜찮다. 쉰 넘은 사람도 있는데 뭘. 쉰이 넘었다고? 젊었을 때 실컷 즐겼을 거 아냐? 예순이 넘었다고? 예순 넘게 산 사람이 인류 역사상 과연 몇 퍼센트나 될까? 복 중에서도 센 복 받은 거다. 한 턱 내야 한다."

소설가 박경리 선생이 돌아가시기 전에 남긴 말이다.

단점만 바라보면 누구도 세상으로, 사람들 속으로 나아갈 수 없다. 하지만 유머가 있다면 당신의 단점은 장점으로 바뀌고, 약점은 강점으로 바뀐다. 생각만 바꾸면 된다. 유머가 있어 단점이 달다.

감정의
주인이 되어라

가나안 여인이 악령에 시달리던 딸을 치료해달라 예수에게 청했지만 예수는 거절했다.

"개에게는 좋은 걸 못 주지."

그러자 여인이 웃으며 말했다.

"개도 부스러기는 먹을 권리가 있잖아요."

예수는 여인의 간절한 믿음을 보고 그 순간에 딸의 병을 고쳐주었으며, 이를 계기로 예수의 구원은 이방인들에게까지 미쳤다.

예수는 일부러 이 여인을 찔러본 것이다. 시험하기 위해 자극을 주었고 그 자극을 우수한 성적으로 통과한 여인은 최고의 믿음으로 칭송된다. 왜 예수는 이 여인을 크게 칭송했을까?

가나안 여인은 예수로부터 나쁜 자극(-)을 받았다.

'우리 이스라엘 사람들은 너희 이방인을 개와 같게 생각하지.'

하지만 그녀는 감정 조절 능력이 있었다. 짜증(-)도 아니고 낙담(-)도 아니고 유머라는 대응(+)을 선택한 것이다. 가나안 여인, 생활은 가난했지만 유머로 인해 마음은 부자였다.

심리학자 스키너의 학설 중에 S-R 이론이 있다. 생물체에 자극(stimulus)을 주면 그에 해당하는 반응(response)이 온다는 이론이다. 인간도 마찬가지다. 좋은 자극을 주면 좋은 반응이 온다. 배가 부르면 행복하고 굶주리면 괴롭다. 사랑받으면 웃음이 나오고 욕먹으면 찡그려진다. 칭찬받으면 엔도르핀이 나오고 누가 시비 걸면 주먹이 나간다.

수십 가지의 즐거움(+)과 짜증(-)이 담긴 복합 자극이 올 때도 있다. 소녀시대 음악에 맞춰 춤을 추는데(+) 누가 문을 쾅쾅 두드려 짜증 난 채 나가 보니(-) 김수현같이 생긴 남자(+)가 아닌가? 시끄럽다고 볼륨을 줄이란다(-). 어디서 본 사람이다 했더니 초등학교 동창이다(+).

잠깐 동안 수십 가지의 감정 변화를 느낀다. 약간의 상황 변화에도 요동치는 게 감정이다. 그러니 감정에 속아 하루를, 인생을 우울하게 보낼 필요가 없다.

자신의 감정을 조절하지 못하여 기쁨과 믿음을 잃어버리고 미움과 불신의 한평생을 산 여인이 있다. 부인은 말끝마다 "당신이 뭘 알아요?"라며 시도 때도 없이 남편을 무시했다. 어느 날 병원에서 부인에게 전화가 왔다. 남편이 교통사고를 당해 중환자실에 있으니

빨리 오라는 연락이었다. 부인은 병원으로 달려갔다. 그러나 병원에 도착했을 때 남편은 이미 사망한 뒤였다. 허구한 날 남편을 구박했지만 막상 죽은 남편을 보니 그렇게 서러울 수가 없었다. 부인은 죽은 남편을 부여잡고 한없이 울었다. 부인이 그렇게 한참을 울고 있는데 남편이 벌떡 일어나면서 말했다.

"여보, 나 아직 안 죽었어!"

그러자 깜짝 놀란 부인은 울음을 뚝 그치면서 남편에게 버럭 소리를 질렀다.

"당신이 뭘 알아요? 의사가 죽었다는데!"

행복한 삶을 사는 방법은 간단하다. 내가 한 말이나 행동이 남에게서 좋은 반응을 얻으면 된다. 하지만 인간관계만큼 어려운 일도 없다. 재산이 한 5천억 원쯤 있어서 모두 내게 고개를 숙이면 모를까. 그렇다면 방법은 한 가지. 내가 느끼는 반응을 스스로 조절하는 게 훨씬 수월하고 효과적이다. 즉 감정의 주인이 되는 것이다.

나를 감정의 주인으로 만들어주는 게 유머다. 나쁜 자극이 기분을 상하게 하지 못하도록 막는 것이 유머다. 유머는 나쁜 감정이 올라오는 것을 막고, 여유 있는 마음 상태를 갖게 한다. 위급한 상황에서도 침착하게 대응하도록 도와준다.

강의 나가 만난 성공한 CEO들은 대부분 감정 조절의 대가들이었다. 수많은 도전과 그에 맞선 응전이 그들을 감정 조절의 대가로 만든 것이다. 성공을 꿈꾼다면 우선 자신의 감정부터 확실히 장악하라. 감정이 당신의 주인 노릇을 하면 소통도 성공도 불가능하다.

밝게
생각한다

기자가 신애라 씨에게 입양한 딸에 대해 물었다.

"낳은 엄마와 기른 엄마가 다른 것에 대해 나중에 아이가 상처받지 않을까 걱정하진 않으세요?"

그러자 신애라 씨는 당당하게 말했다.

"아니에요. 우리 예은이는 오히려 행운아예요. 다른 아이들보다 두 배는 행복하다고요. 엄마가 둘이나 있잖아요? 낳은 엄마 하나에 기른 엄마 하나에, 엄마 합이 둘."

신애라 씨처럼 매사 밝게 생각하는 사람들이 있다. 그들은 긍정적 사고를 가지고 희망적으로 산다. 반면 매사 어둡게 생각하는 사람이 있다. 남에 대한 경계가 과하고 자신에 대한 연민이 과하다. 부정적 사고를 가지고 절망과 비관에 눌려 산다.

사람들은 내가 유머 강사이니만큼 항상 밝은 생각만 할 것이라고 생각한다. "물론이지요, 당연하지요"라고 말해야겠으나 그러기엔 부끄러운 에피소드가 있어 고백한다.

얼마 전 집에 설치한 연수기에 필요한 재생제 두어 개를 부탁했더니 서비스 직원이 한 박스를 가져온 게 아닌가? 얼마나 많이 들어 있는지 무거워 들 수 없을 정도였다.

'오냐, 왕창 팔아먹자 이거지. 그래 이렇게 팔아먹고 부자 되라!'

속으로 이리 생각하고 얄미워서 서비스 기사에게 음료수도 권하지 않았다. 자기를 비꼬는 걸 아는지 모르는지 그는 연신 싱글벙글이었다. 그 심보가 얄미워 기사에게 연수기 정기점검까지 시켰다. 물론 그 기사가 할 일은 아니었지만. 일이 다 끝나고 지갑을 열며 반말 비슷하게 물었다.

"그래, 저 제품 가격은 얼마요?"

그러자 그가 웃으며 대답했다.

"무료입니다. 안녕히 계세요."

그가 떠난 후 나는 하루 종일 나를 욕했다.

'에라 이 밴댕이 속아!'

진정한 소통은 상대의 가슴까지 도달하는 말을 하는 것이라고 앞에서도 말했다. 우리 조상님의 조상님의 조상님 때부터 인간 앞에 나타난 상대는 딱 두 종류로 나뉜다.

웃는 동료 or 공격하는 적.

사람들은 본능적으로 밝은 표정, 긍정적인 말투를 가진 사람에게 마음의 귀를 연다. 어두운 표정, 부정적 말투를 대하면 본능적으로 적으로 여기며 경계하게 된다. 이것이 유머가 필요한 이유이다. 웃음이 곧 우수함의 증명이다. 밝은 기운을 가진 직원이 들어오면 사무실이 살아난다. 그런 직원 만나는 것도 CEO의 복이다.

웃음을
잃지 마라

한 번뿐인 인생, 뭐니 뭐니 해도 즐겁고 행복하게 사는 게 남는 것이다. 공부를 할 때도, 회사를 다닐 때도, 연애를 할 때도, 기업을 경영할 때도 즐거워야 한다는 것이 나의 인생관이다. 또 하나, 사람들이 나로 인해 행복했으면 좋겠다. 그래서 나는 유머 강사가 천직인 모양이다.

인생을 행복하게 만드는 것은 여러 가지가 있지만 가장 저비용 고효율 방법이라면 단연 유머다. 드라이브를 즐기려면 기름 값이 만만찮다. 외식을 하려 해도 음식 값이 만만찮다. 하지만 유머를 구사한다고 세금이 붙는 것도 아니고 원가가 들지도 않는다. 유머는 우리에게 무한한 행복을 주면서도 가격은 제로.

하루는 강의를 가는데 어떤 승합차가 내 차를 박았다.

쿵!

내려보니 순하게 생긴 아저씨가 사색이 되어 연방 굽실거린다.

"죄송합니다. 저 부족하겠지만 이 돈 5만 원……."

"무슨 뜻입니까?"

"죄송합니다……."

"아저씨가 생각하시는 것보다 두 배 필요하겠네요."

"네? 아, 여기 10만 원……."

아저씨가 꼬깃꼬깃한 만 원짜리를 펴서 10만 원을 맞춘다. 나는 10만 원을 일단 받은 후 도로 주었다.

"모자라세요?"

"아니요. 제 차 수리비 5만 원, 그리고 아저씨 차 수리비 5만 원, 합이 10만 원이 필요하다는 뜻입니다. 서로 수리해야 되니 쌤쌤, 이제 됐죠?"

아저씨는 잠깐 어리둥절해하다가 이내 눈물을 글썽거렸다.

"아저씨, 제가 유머 강사라 농담 좀 했어요~"

세상에 나쁜 일이란 없다. 나쁘게 생각하는 사람이 있을 뿐. 차는 상처 좀 나고 돈도 들겠지만 덕분에 나의 썰렁 유머를 구사하고, 나 때문에 행복해진 사람이 있었으니 운수 좋은 날이다.

한 나그네가 하룻밤을 묵기 위해 싸구려 객줏집에 들어갔다. 그런데 방에 들어가보니 빈대가 한 마리 있었다.

"아이구, 주인 양반 여기 빈대가 있습니다."

그러자 주인이 말했다.

"걱정하실 것 없습니다. 이 빈대는 죽은 것입니다."

주위에 다른 객줏집이 없던 터라 나그네는 할 수 없이 그 방에 묵기로 했다. 이튿날 아침 주인이 와서 물었다.

"안녕히 주무셨습니까, 나리. 빈대는 확실히 죽은 것이었습죠?"

"확실히 죽은 것이더군요. 하지만 문상객이 많더이다."

비록 잠자리는 삼류였지만 일류 유머가 있으니 나그네는 그 후로도 최고의 인생사를 펼쳤을 것이다.

남자에게도 슬픔이 있고, 여자에게도 슬픔이 있다. 못난 사람에게도 상처가 있고, 잘난 사람에게도 상처가 있다. 슬픔과 상처를 치유해주는 상비약이 바로 유머다!

얼마 전 한 텔레비전 방송에서 '유머, 기적을 부르는 힘'이라는 주제의 다큐멘터리를 했다. 우리나라에만 2,700여 명인 100세 이상 건강하게 장수하는 사람들의 공통점을 조사했는데, 그 비결은 유머였다. 유머가 건강한 인생을 가꾸고, 건강한 몸을 만들었다는 것이다. 인생의 역경과 고난을 만났을 때 제일 먼저 잃는 것이 웃음이다. 하지만 웃음을 되찾았을 때 불안과 절망에서 일어나는 힘이 생김을 기억하자.

세상에서 가장 중요한 때는 바로 지금 이 순간이고

세상에서 가장 소중한 사람은 바로 지금 함께하는 이 사람이고

세상에서 가장 중요한 일은 바로 지금 하는 일이다.

칭찬은
사람을 변화시킨다

스티비가 자신의 뛰어난 청력을 이용해 교실의 쥐를 잡자 선생님
이 칭찬했다.

"스티비, 나는 네가 부럽구나."

"지금 저를 놀리시는 거예요?"

"아니란다. 올림픽 금메달 한 개가 은메달 열 개보다 나은 거 아
니? 많은 사람들이 그저 그런 시력과 그저 그런 청력을 가지고 있지
만, 넌 최고의 청력을 가지고 있잖니."

선생님의 격려 덕에 스티브 모리스는 최고의 가수 겸 작곡가인
스티비 원더가 될 수 있었다.

스티비 원더는 흑인이다. 게다가 시각장애를 가졌으니 사람들에
게 무시당할 나쁜 조건은 다 갖춘 셈이다. 좌절할 수 있는 상황이었
지만 선생님의 칭찬이 그의 인생을 바꾸었다.

칭찬은 힘이 있다. 더구나 그 칭찬이 막연한 게 아니라 충분한 근거가 있는 칭찬이라면 더욱 그렇다. 청력 한 가지라도 월등하면 다른 나쁜 조건을 대신할 수 있다는 설득력 있는 근거를 제시한 것이다. 물론 청력을 금메달에 비유하는 유머 센스가 설득력을 더욱 높였고, 스티비는 열등감과 피해의식을 이겨내고 미래에 대한 꿈을 키울 수 있었다.

심리학자 로버트 로젠탈은 어린 학생들을 대상으로 다음과 같은 실험을 했다.

어느 초등학교에서 선생님에게 "어린이의 지능 향상을 예측할 수 있는 새로운 테스트입니다(사실은 거짓말)"라고 설명을 해놓고 검사를 실시했다. 그런 다음 20퍼센트 정도의 아이를 뽑아놓고 "이 아이들은 앞으로 지적 발달이나 학업이 틀림없이 급상승할 것입니다"라고 선생님에게 결과 보고를 해주었다.

보고 후 8개월이 지난 다음, 지난번과 같은 테스트를 하고 결과와 비교해보았다. 그랬더니 앞으로 잘할 것이라는 기대를 품게 했던 아이들의 지능이 다른 아이들의 지능에 비하여 현저하게 향상되었음을 발견했다. 그 아이들은 무작위로 선정한 아이들이었다. 이러한 현상을 '피그말리온 효과(Pygmalion effect)'라고 한다.

20퍼센트의 아이들은 학업 성적이 향상되리라는 기대를 가지고 더욱 정성을 들이고 칭찬한 결과 나타난 변화이다. 선생님의 관심과 칭찬이 아이들의 학습 태도를 변화시켰고, 결국 능력을 향상시킨 것이다.

한 대학교에서 강의가 있는 날이었다. 내가 강의실 앞쪽에 앉아 있자 조교는 학생인 줄 알았나 보다. 출석 체크를 하려다 내 얼굴을 보곤 갑자기 공손하게 돌변하는 게 아닌가.

"아, 강사님이시군요."

"아니, 내가 그리 늙어 보여요?"

그러자 조교는 웃으며 받아쳤다.

"강사님, 뒷모습은 20대세요."

앞모습은 중년이지만 뒷모습이 20대라. 그래도 이게 어디냐. 뒷모습까지 중년인 것보단 낫지 않은가. 재치 있는 칭찬을 들은 나는 당연히 최고의 강의를 이끌어낼 수 있었다.

"넌 능력 있어" "참 대단하구나" 이러한 칭찬은 상대방으로 하여금 자신감을 갖게 한다. 하지만 같은 값이면 다홍치마라고, 근거 있는 칭찬을 할 때 진정성이 전달되고 더욱 큰 위력을 발휘한다. 그런데 도저히 칭찬거리를 찾을 수 없을 때도 있다. 이때는 유머적 상상력이 필요하다.

새로운 동네로 이사한 가족이 그만 늦잠을 자는 바람에 초등학생 딸아이가 스쿨버스를 놓치고 말았다. 아빠는 딸을 학교에 데려다 주려고 딸이 말하는 방향에 따라 운전을 했다. 그런데 몇 차례씩 방향을 바꾸면서 20분 후에 학교에 이르고 보니 집에서 엎어지면 코 닿을 정도로 가까운 위치였다. 왜 그렇게 빙빙 돌게 길을 알려줬느냐고 화를 내는 아빠에게 딸이 말했다.

"아빠, 난 이 길밖에 몰라요. 스쿨버스는 언제나 이렇게 다녀요."
당신이 아빠라면 어떻게 말하겠는가?

"너 기억력 대단하구나." 칭찬형 아빠
"자가용과 스쿨버스도 구별 못 하냐!" 비난형 아빠

당신의 말은 상대의 귀에 겨우 도달하는가, 아니면 가슴까지 파고 들어가는가? 머리로 하는 말은 힐링 효과도 소통 효과도 내지 못한다. 유머와 칭찬은 가슴으로 하는 말이기에 힐링 효과와 소통 효과가 클 수밖에 없다.

'조자룡 헌 칼 쓰듯 한다'라는 표현이 있다. 조자룡은 홀로 적진에 들어가 유비의 아들을 구출해 품에 안고 대군과 싸웠다. 칼이 부러지면 다른 병사의 칼을 빼앗아 싸우고 또 싸웠다. 평상시 유비는 틈만 나면 조자룡을 칭찬했다. 그의 무예, 충성심, 인품을. 인정받은 장수가 주군을 위해 최선을 다하는 건 인지상정이다. 구출한 아기를 유비에게 전하자 유비는 자신의 아들을 땅에 집어던졌다.

"네놈 때문에 귀한 장수를 잃을 뻔했구나."

죄 없는 아기한테야 미안하지만 조자룡에겐 엄청난 칭찬이었다. 감격한 조자룡은 엎드려 울었다. 그 아기가 자라 훗날 촉의 제2대 황제가 되었고 그 역시 틈만 나면 조자룡을 칭찬했다.

"그 옛날 장군 덕에 내가 살아났습니다."

삼국지를 통틀어 최고의 무장인 조자룡. 칭찬이 그를 만들었던 것이다.

조직의 리더가 선택할 수 있는 당근은 여러 가지다. 돈, 승진, 휴가, 복지……. 하지만 모두 기회비용이 만만치 않아 함부로 사용하기 힘들다. 그에 비해 칭찬은 원가가 전혀 들지 않는다. 경제감각이 있는 CEO는 칭찬을 애용한다.

절망에서
유머를 떠올려라

　유머를 경영에 활용해 성과를 보고 있는 CEO들이 세계적으로 늘고 있는 추세다. 내가 유머 강사 1호란 직함을 가지고 미국 사우스웨스트 항공의 유머 경영을 국내에 처음 소개했을 때만 해도 과연 긍정적으로 인식할지 의문이었다. 모두 고개를 갸우뚱했기 때문이다.

　하지만 지금 우리나라의 유머 경영 도입은 빛의 속도다. 10여 년 전만 해도 회사 소개에서 대표의 웃는 사진은 별로 없었다. 모두 어떻게 하면 더 위엄 있게 보일까만 생각했다. 그런데 요즘은 웃는 사진이 필수다.

　한번은 한 인테리어 업체에서 강의를 했다. 직원 중 한 젊은 남자의 스마일라인이 인상적이었다. 입꼬리가 완전 초승달이었다. 입고 있는 옷도 혼자 핑크색 셔츠. 멋쟁이 남자에게 다가가 물었다.

"어느 부서에 근무하십니까?"

"사장인데요."

후에 상공회의소 담당자에게 그 회사에 대해 물으니 "그 사장님 능력이 대단하고요, 회사도 엄청 잘나가요"라는 답변을 들었다.

지금은 성공한 기업으로 자리 잡은 한중엔터테인먼트 진 대표는 한 사람의 유머와 위트 덕분에 인생의 큰 전환기를 맞은 경우다. 진 대표는 한때 인생의 막장까지 몰려 자살을 결심했다.

1999년 아주 추운 겨울, 잘 마시지도 못하는 소주를 두 병이나 마시고 한남대교에서 뛰어들려는 순간, 길을 지나던 한 중년 남자가 "지금 뛰어내리면 얼어 죽어요. 좀 기다렸다 따뜻한 봄이 되면 뛰어내리시죠"라고 하더란다. 자살할 사람이라는 걸 알면서도 말리기는커녕 '얼어 죽는다'는 말로 막아서다니. 생사의 기로에 섰던 그는 웃고 말았다고 한다.

지금은 후원자가 된 그 신사와 그날 포장마차에서 소주잔을 기울이며 사업을 구상했다. "내가 그때 심각하게 말렸으면 자네는 정말 뛰어내렸을 거야"라고 나중에 말하더란다. 진 대표는 그 일을 통해 삶에서 유머가 얼마나 큰 영향력을 발휘하는지 깨달았다. 그분과 한바탕 웃고 나니 죽고 싶을 만큼 절망적이었던 자신의 상황을 다시 바라볼 수 있었다. 그리고 희망을 보았다. 그 후 그는 유머로 무장한 CEO로 거듭 태어나 제2의 인생을 살고 있다.

긍정적인 성격과 풍부한 유머로 위기를 극복해낸 수많은 CEO들은 안다. 유머가 웃음을 부르고, 웃음이 행복을 가져온다는 것을. 우리의 인생 그 맨 앞에 유머와 어두움이 있다. 당신은 어떤 파트너를 선택하겠는가.

긍정의 시선을
던져라

조나단은 학습 장애가 있었다. 그래서 6학년이 될 때까지 글을 읽지도 쓰지도 못했다. 학교 친구들은 매일 그를 놀렸고, 선생님들은 그를 학습 부진아라고 평가했다. 하지만 조나단의 엄마는 태연했다. 오히려 조나단에게 이렇게 말했다.

"조나단, 네가 글을 못 쓰는 이유는 네 머리가 펜보다 앞서 가기 때문이란다."

열등감이 심한 아이들의 공통점은 부모에게서 긍정적인 말을 들어본 적이 없다는 것이다. 부모가 자녀에게 잔소리와 꾸중만 일삼는다면 아이는 자존심에 상처를 입기 시작한다. 당연히 부정적인 영향을 받는다. 부모의 말 한마디가 자녀에게 자기비하적인 사고를 갖게 할 수 있다.

조나단의 엄마는 어떤 상황에서도 늘 긍정적인 말을 해주었다.

엄마의 말은 조나단에게 자신감을 불어넣었고 열등감을 자부심으로 바꿔놓았다. 말과 글은 늦게 깨우쳤지만 학습에 불이 붙자 학습 능력이 초스피드로 향상되더니 급기야 조나단은 명문 브라운대학교에 입학하고 수석 졸업이라는 영광을 이루었다.

발명왕 에디슨의 경우도 마찬가지다. 늘 사고만 치는 말썽꾸러기에다 학교 공부는 초지일관 뒤에서 일등이었다. 그러나 엄마는 자식을 믿었다. 에디슨의 질문이 아무리 엉뚱하더라도 "왜 그런 생각을 하게 됐지?"라고 질문하여 에디슨 스스로 답을 찾아나갈 수 있도록 이끌었다. 아들에 대한 엄마의 믿음이 위대한 발명왕을 만들어낸 것이다.

아이가 성적표를 가져왔다. 성적은 초지일관, 일목요연 모두 '가'. 영어 수학 국어 음악 미술 도덕 가 가 가 가……. 맨 나중에 체육만 '미'. 잠시 성적표를 뚫어져라 바라보던 아버지가 아들의 어깨를 두드리며 부드럽게 말했다.

"너무 한 과목에만 치중하는 것 아니냐?"

아이에게 있어 부모는 최고의 안식처다. 하나에서 열까지 모든 걸 해결해주는 신(神)적인 존재다. 흔히 우리는 아이들의 기를 살린다고 말한다. '기(氣)' 자 속엔 '쌀(米)' 자가 들어 있다. 쌀은 곧 에너지다. 기를 살려주면 아이들은 삶의 에너지를 얻는다. 그런데 우리는 뿔난 엄마들의 말을 더 자주 접한다.

"아니, 이 글씨 손으로 썼니, 발로 썼니?" 인격 비난형 부모

"이그, 지 애비 닮아서 공부도 못하고……." 유전성 열등감 고착형 부모

"너 머리 나쁜 거 다 이 에미 죄다." 자기파괴형 부모

"선생이 너 보고 뭐라고 하던? 가자, 내 그 선생을 당장!" 결투형 부모

당대 최고의 엘리트였던 T. S. 엘리어트는 부모 자녀 간의 대화 단절을 아쉬워하며 다음과 같은 시를 지었다.

서로 이해하지 못하는 두 사람
자신들이 이해하지 못하고
자신들을 이해하지 못할
아이들을 기르고 있네.

부모의 잔소리가 습관적일수록, 또 감정이 섞일수록 자녀는 마음을 닫는다. 마음이 닫힌 상태에서는 그 어떤 소통도 이루어질 수 없다. 당신이 자녀와 소통을 원한다면 잔소리의 볼륨을 줄이고 긍정의 시선을 던질 일이다. 긍정의 시선에는 유머만 한 것이 없다. 유머는 웃음을 낳고, 웃음은 친밀감을 낳는다. 소통의 시작이 된다.

2장

새로운 눈으로
세상을 보라

다름을
즐겨라

한 기자가 농구선수 김주성 선수에게 아내에 대해 물었다.

"사귀면서 어려운 점은 없었는지요?"

"있었지만 우린 꿋꿋이 이겨냈어요."

"성격 문제였나요?"

"아닙니다."

"집안의 반대였나요?"

"아닙니다."

"그렇다면 종교 문제?"

"아닙니다."

"도대체 어떤……?"

"키 문제였어요. 키스할 때마다 신장 차이로 애를 먹었지만 우린 극복했어요."

012

프로농구의 김주성 선수는 한눈에 봐도 신장이 일반인과 다르다. 그는 아주 키가 크다. 무려 2미터 5센티미터다. 덕분에 엄청난 고공 위력으로 코트에서 마음대로 날아다닌다. 당연히 연봉도 킹이다. 그러나 그의 어린 시절은 그리 평탄하지 않았다. 가난과 장애를 가진 부모. 다행히 그는 부모에게서 좋은 성품을 물려받았다. 열심히 운동했고 그 결과 농구선수로서 성공하고 있다. 어린 시절 친구들에 비해 부족한 것이 많았지만 그는 그저 다름에 지나지 않는다고 생각했다.

'다름'은 곧 악이라고 생각하는 사람들이 있다. 믿거나 말거나 20세기 초까지만 해도 이른바 선진국이라는 미국에서는 흑인에게 투표권을 주지 않았다. 투표권은 고사하고 백인들은 유색인종과 같은 식당에서 밥을 먹는다는 사실도 받아들일 수 없었다. 그러다 조금씩 다름이 차별의 이유가 될 수 없다고 생각하는 열린 사람들이 늘어나면서 사회가 발전했다. 그로부터 수십여 년이 흐른 지금 미국은 마이클 조던, 타이거 우즈, 오프라 윈프리, 버락 오바마 등과 같은 인재를 얻게 되었다.

닫힌 사회에선 유머도 없고 배려도 없다. 오직 내 편만 중요하다. 조선이 몰락하게 된 계기도 편협한 가치관에서 시작되었다. 한 번 양반은 영원한 양반, 한 번 노비는 영원한 노비, 남자는 하늘 여자는 땅, 우리 출신만 옳고 그쪽 출신은 곤란해⋯⋯. 숨 막히는 끼리끼리 사회가 나라의 위기를 가져왔다.

고정관념으로 보면 '산토끼'의 반대는 오직 하나 '집토끼'일 뿐이다. 하지만 유머의 세계에선 수많은 다름이 용인된다. 들토끼, 알칼

리 토끼, 판 토끼, 주운 토끼, 뺏은 토끼, 외상 토끼, 할부 토끼, 리스 토끼…….

문명의 진보는 다름에 대한 인식과 함께 간다. 산업사회에서 정보화사회로 발전하면서 상상력이 크게 요구되고 있다. 상상력의 향상을 위해선 다름의 사고가 절실하다. 그래서 무한한 상상력을 키울 수 있는 유머가 확산되고 있는 것이다. 정치인이든 한 기업의 CEO든 요즘 뜨는 리더들은 유머 이미지를 강조하기 위해 노력하고 있다. 다름의 세상으로 바뀌었기 때문이다. 다름을 인정하는 순간 소통은 열린다.

금주를 계몽하는 연설에 나선 여류 인사가 열정적으로 외쳤다.

"여러분, 이 지역의 제일 부자가 누굽니까? 술집 주인입니다. 제일 큰 집을 가진 사람은 누굽니까? 술집 주인입니다. 뭘 느끼십니까?"

그러자 한 남자가 손을 들었다. 연설 효과가 나타났다고 생각한 연설가가 물었다.

"금주를 결심했습니까?"

그러자 그 남자가 말했다.

"그게 아니라…… 술집을 차리려면 어떤 절차를 밟아야 하는지 알고 싶어서요……."

기꺼이 남과 다르게 생각하라. 다른 직업, 다른 취미, 다른 인생관을 추구하라. 그리고 상대의 다름도 인정하자.

취업이 어려운가? 장사가 안 되는가? 유머를 당신의 인생에 첨가

하라. 세상의 다름이 보일 것이다.

유머의 눈으로 보면 우리가 도전할 수 있는 세상은 열 배는 넓어
진다.

해석하기
나름이다

'나의 모든 재산은 하나뿐인 하인에게 상속하되, 내 아들에게는 나의 재산 중 원하는 것 하나만을 준다.'

이스라엘의 어느 돈 많은 부자가 죽기 전에 이러한 내용의 유서를 써놓고 숨을 거두었다. 하인은 갑자기 부자가 된 것이 너무나 기뻤다. 그래서 서둘러 먼 곳에서 유학 중인 주인의 아들에게 연락했다. 아버지가 돌아가셨다는 기별을 듣고 유학길에서 돌아온 아들은 아버지의 유서를 보고 깜짝 놀랐다.

"아니 이럴 수가! 아버지는 어째서 재산을 몽땅 하인에게 물려주고 돌아가셨나……."

아들은 너무나 억울해 랍비에게 아버지의 유서를 보였다.

"자네 아버지는 참으로 현명하시네."

"뭐라고요? 모든 재산을 하인에게 물려주신 아버지가 현명하시다니요?"

"그렇다네. 그 하인은 누구의 재산인가? 바로 아버지의 재산일세. 자네는 그 하인 하나만 가지면 결국 아버지의 유산을 전부 갖게 되는 것일세. 만일에 아버지께서 유서를 이렇게 쓰지 않았다면 하인은 아버지가 돌아가셨다는 것조차 자네에게 알리지도 않고 자네의 집까지 다 팔아 도망갈 수도 있었지. 어서 가 저 혼자서 기뻐하고 있는 하인을 갖게나."

아버지는 아들에게 일종의 퍼즐 게임을 남겨놓았다. 그걸 풀면 대박이고 못 풀면 쪽박이다. 비록 아들이 자신의 힘으로 답을 찾은 건 아니지만, 포기하지 않고 해결해줄 수 있는 랍비를 찾아갔다는 것 또한 분명한 능력이다.

현실에 대한 해석은 모든 사람이 다 다르다. 현실 해석 능력이 바로 그 사람의 진정한 실력이다. 부정적인 사람은 아무리 좋은 상황에서도 나쁜 요소를 찾아내고야 말고, 긍정적인 사람은 아무리 나쁜 상황에서도 좋은 요소를 찾아내고야 만다.

인생은 수수께끼다. 그것도 여러 번 돌리고 돌린 고난이도 수수께끼. 그 인생의 수수께끼를 푸는 데 유머가 한 방법이다. 유머는 수천 년을 이어온 역사의 지혜를 담고 있으며, 불행과 고난을 이겨낼 수 있는 희망을 품고 있으며, 지친 하루에 활력을 줄 수 있기 때문이다.

"자, 이 달걀을 세워볼 사람?"

"저요!"

손을 번쩍 든 콜럼버스가 달걀 끝을 살짝 깨뜨린 후 세웠다. 이른바 '콜럼버스 달걀'의 유래다.

그렇다면 수십 번 꽁꽁 묶인 보자기는?

걱정할 것 없다. 손으로 안 풀리면 가위로 잘라버리면 되니까. 그게 유머다.

평생 감옥을 들락거린 피의자에게 판사가 묻는다.

"도대체 당신은 남에게 공헌한 적이 있었나요?"

"많이는 아니지만…… 형사 10여 명에게 일자리를 제공했다고 자부합니다!"

이렇듯 우리가 경험하게 되는 삶이란 해석하기 나름이다. 우산 장수와 짚신 장수 아들을 둔 할머니는 비가 오면 비가 오는 대로 좋고, 해가 나면 해가 나는 대로 행복한 인생을 선택할 수 있다. 고지식하고 답답한 아이는 한 우물만 파는 뚝심이 있어 좋고, 허황된 상상만 하는 아이는 창의적인 아이디어가 무궁무진하지 않은가.

한 가지 잣대만 들이대는 사람은 외롭다. 세상에서 자신과 똑같은 사람하고만 대화가 가능하기 때문이다. 유머는 사고의 지평을 넓혀주고 다양한 해석을 가능케 한다. 남과 다르게 생각하기. 세상과 소통하기 원하는 당신이 갖추어야 할 덕목이다.

공감의 힘을
기른다

일본 에도시대 명의 나카라이 무네타마에게 한 여성이 찾아와 도둑질하는 자식 때문에 괴롭다고 하소연했다. 내버려둘 수도 없고, 그렇다고 고발할 수도 없는 부모의 마음을 공감한 나카라이는 여성에겐 진정제를 주고 아들에게는 기침이 나는 약을 먹이라고 했다. 이유를 묻는 여성에게 말했다.

"기침 소리가 나면 도둑질을 못 할 것입니다."

매일같이 만취해 귀가하는 남편과 부부 싸움을 크게 벌인 아내가 홧김에 인터넷 사랑방에 광고를 냈다.

'새 남편 구함!'

며칠 후 아내는 무려 100통의 편지를 받았다. 모두 다른 사람들로부터 온 편지였지만 내용은 똑같았다.

'제발, 내 남편을 데려가세요!'

우리나라는 경제적으로는 선진국에 진입했다고 하지만 '위장 (stomach)의 기쁨'일 뿐이라는 지적이 있다. 배는 부르건만 마음은 허하고, 인구밀도 높은 초고층 아파트 단지에 살건만 고독에 허덕이고 있다. 가족과도, 동료와도, 하다못해 의사와도 대화가 안 된다. 상대의 아픔을 공감하는 능력이 없기 때문이다.

'공감력'이란 말 그대로 남의 얘기를 잘 들어주는 것이다. 사람들은 누군가 나의 얘기를 들어줄 때 정서적 공감을 느낀다. 잘난 척 충고를 일삼는 것이 아니라 상대방을 이해하고자 노력할 때 상대방도 비로소 마음을 열기 시작한다.

현대 사회는 무슨 일을 하든 사람의 마음을 얻는 것이 중요하다. 개인의 능력이 아무리 뛰어나도 함께하는 사람들의 지지를 얻지 못한다면 큰 성과를 볼 수 없다. 따라서 공감력이야말로 성공의 가장 큰 요인이다.

어떻게 하면 공감의 힘을 기를 수 있을까?

우리나라 사람들은 술을 마시며 긴장을 풀고 친분 쌓기를 좋아한다. 하지만 술은 후유증이 만만치 않다.

후유증 없는 공감 도우미는 무엇일까? 바로 유머다. 유머에 취해 누구에게 시비 거는 일이란 없다. 정신을 잃게 만들지도 않는다. 우리의 지갑을 얇게 만들지도 않고 건강을 해치지도 않는다. 남녀노소 누구와도 즐길 수 있다.

프랑스의 철학자 앙리 베르그송은 나쁜 감정들을 이기게 해주는

게 유머라고 말했다. 짜증, 분노, 피해의식, 고정관념, 편견, 우울
증 등 인간관계를 파괴하고 공감을 방해하는 요소들을 제거하는 데
유머만 한 것이 없다는 말이다. 특히 감동이 녹아 있는 유머는 주위
사람들의 마음을 녹인다. 유머가 웃음을 부르고 웃음은 나쁜 감정
을 없앤다. 그 결과 벽이 사라지고 서로 공감할 수 있는 마음의 직
통로를 만든다.

그들은
나와 다르지 않다

숭산 스님이 제자에게 물었다.

"눈〔雪〕은 무슨 색이냐?"

"흰색입니다."

"틀렸다."

"네?"

"눈한테 물어보거라."

"눈이 어찌 대답합니까?"

"그것이다. 네가 흰색이라 한 거지, 눈이 스스로 희다고 한 적이 없지 않느냐?"

우린 남의 의견을 잘 듣지 않는다. 직접 물어보지도 않고 소명의 기회도 주지 않은 채 판단한다.

"눈은 흰색이야."

"별은 하늘 위에 떠 있어."

"저 사람은 나쁜 사람이야."

어떤 특정 대상에 대하여 실제 체험에 앞선 주관적 가치판단을 우리는 선입견(先入見)이라 부른다. 사물, 사항, 인물 등에 대해 형성되는 고정적이며 변화하기 어려운 평가 및 견해이다. 사람은 누구나 자신이 살아왔던 방식, 보아왔던 세상의 모습에 따라 판단하기 마련이다. 선입견이 굳어지면 편견(偏見)이 되고, 객관적 사실이 왜곡 인지되어 그 모순을 깨닫지 못한다. 인종적 편견, 사회적 편견 등은 대부분 선입견에 기인한다. 그것은 버려야 할 대상이지만 그것이 쉬운 일도 아니다. 인간은 공통점 대신 차이점을 찾는 데 더 익숙하다. 그러고는 분리의 길로 들어선다. 끊임없이 나와 남을 분리한다.

그런데 아이러니하게도 인간의 가장 큰 고통은 분리감이다. 아기들은 엄마가 없으면 난리가 난다. 엄마가 우주고 하늘이며 신이다. 엄마 자궁 속에 있을 때는 절대 천국이었다. 태어나자마자 낯선 환경에 떨어진 게 서러워 울지 않는가. 이 분리 체험으로 인한 아픔은 평생 간다. 분리의 고통이 너무 크기에 인간은 누구나 자궁회귀 본능이 있다.

그 분리감을 극복하고자 사람들은 본능적으로 모인다.

"동창회 모여라."

"재경 향우회 모임 안내."

"배드민턴 초보회원 환영."

친구들이 모이고 친척이 모이고 동아리 회원이 모인다. 하지만 오래가지 못한다. 다투고, 편이 갈리고, 분열된다. 겉으로만 하나된 조직은 분리감을 극복하기도 어렵다.

여기서 넌센스 퀴즈 하나!

흑인이 칼에 찔리면 어떤 피가 흐를까?

1 까만 피
2 빨간 피

정답은 당연히 2번 빨간 피다. 바늘로 살짝만 찔러도 붉은 피가 나온다. 백인이나 흑인이나 동양인이나 피의 색깔은 같다. 물론 몸 속의 장기도 똑같다. 같은 인간이기 때문에 당연하다고? 그런데 이제는 돼지의 장기를 사람이 활용하는 시대가 되었다. 거의 비슷한 세포 구조를 가졌다는 이야기다. 심지어는 초파리와 인간의 염색체가 약 95퍼센트 이상이 같다고 한다.

집 마당에 있는 민들레는 밤이 되어 기온이 떨어지면 꽃봉오리를 모은다. 그리고 햇빛이 비치면 꽃잎을 펴서 에너지를 받아들인다. 나도 해가 떨어지면 차가운 밤공기가 들어오지 못하도록 목도리를 두르고 해가 나와 더우면 옷을 벗는다. 민들레나 나나 지구에 살면서 태양 눈치 보는 삶을 사는 건 매한가지다.

성 프란체스코는 만나는 모든 사람, 동물, 식물과 대화를 나누었다고 한다.

"염소야, 밥 먹었니?"

"장미야, 겨울 동안 너를 못 보아 섭섭했단다. 더 예뻐졌구나."

"종달새야, 넌 목소리가 진짜 죽인다. 멋져."

그는 흑인이든 염소든 장미든 종달새든 모두 한 운명, 한 영혼이란 걸 알았다. 염소가 죽는 환경에선 사람도 죽는다. 장미가 사라지면 사람도 사라진다.

겉(다름)을 강조하는 사람이 있고, 속(같음)을 강조하는 사람이 있다. 다른 문화, 다른 종교, 다른 지역, 다른 인종을 배척하면 분란, 전쟁, 갈등이 일어난다. 이런 가치관으로 사는 건 고립인생이다. 결국 자기 손해다. 항상 불안하고 마음에 평화가 없다.

지금 당신 옆에 있는 사람과 당신의 차이점을 적어보라.

나이, 성별, 고향, 외모, 재산…….

이번엔 그와 당신의 공통점을 적어보라.

인간, 숨 쉬고 있음, 유머, 웃음, 지구인, 한국인, 두 눈, 두 귀, 외로움, 사랑받기 원하는 것…….

차이점으로 생기는 건 두려움, 외로움, 열등감, 고정관념 등이며 공통점을 추구하여 생기는 건 사랑, 기쁨, 유머, 웃음, 감사, 하나됨 등이다. 어떤 인생을 선택하든 당신 자유다.

용서가 답이다

처칠의 비서가 신문을 들고 씩씩거리며 집무실에 들어왔다. 처칠이 그에게 물었다.

"자네 왜 그리 흥분하는가?"

"수상님, 이 신문을 보십시오. 감히 수상님을 불독으로 그려놓았습니다!"

만화를 본 처칠은 배꼽을 잡고 웃으며 말했다.

"어때서 그러나? 나를 제대로 묘사했는데 뭘. 벽에 붙이게."

처칠의 일화에서 우리는 몇 가지 사실을 알 수 있다.

1 어느 나라나 언론과 정치인은 견원지간이다.

2 부하들은 본인보다 더 흥분한다.

3 만화는 최고의 풍자 도구다.

4 위대한 정치인들은 용서하는 능력을 지녔다.

용서는 좋은 인간관계를 유지할 수 있게 해준다. 처칠이 화를 냈으면 십중팔구 신문사와 관계가 원만치 않았을 것이다. 용서는 또한 마음을 편하게 한다. 화나지도 않았고 싸우지도 않았으니 얼마나 편히 잘 것인가? 처칠이 화를 냈다면 아마 스스로도 괴로웠을 것이다. 만화가를 미워하고 신문사를 미워하고, 그러고는 너그럽게 용서하지 못하는 옹졸한 자기 자신을 미워했을 것이다. 그 마음과 영혼이 얼마나 힘들었을 것인가?

용서를 하지 않으면 그는 항상 나와 함께 존재하며 나를 괴롭게 만든다. 내 머릿속에서 가장 싫어하는 인간과 24시간 동거하는 셈이다.

만약 당신이 이런 남자를 극단적으로 싫어한다고 하자. 반곱슬머리, 실없는 웃음, 게을러서 책상에는 책이 잔뜩 쌓여 있고, 차 뒷자리에는 옷가지가 널브러져 있으며, 목소리는 너무 커서 같이 있기 창피하고, 밥 먹을 때 음식 씹는 소리가 엄청 큰 남자라고 하자(써놓고 보니 나의 특징이다). 그런데 이런 남자와 항상 함께해야만 한다면 얼마나 괴로운 일인가? 마찬가지다. 누군가를 계속 미워하면 당신은 항상 머릿속에 그를 넣어두는 셈이다. 그러니 선포하라.

"이제 당신을 석방하노라."

잠재의식 차원에서도 용서는 우리에게 유리하다. 당신이 누군가를 용서하면 잠재의식이 판단한다.

"아, 용서하는 걸 보니 별로 스트레스를 안 받았구나."

스트레스가 없으므로 우리 세포 속 잠재의식은 그를 쉽게 제거한다. 반대로 용서하지 않으면 잠재의식은 심각하게 받아들인다.

"아, 용서하지 못하는 걸 보니 엄청 스트레스를 받았구나. 앞으로도 계속 그 사람에게 안테나를 고정하여 정보를 제공하고 수시로 각인시키자."

용서하지 못하면 관계가 더욱 악화되고 그 결과 당신은 몸속에 온갖 병을 불러들인다. 전문용어로 이 증상을 '심인성 질환'이라고 한다.

두 번째 존재론적인 차원에서 생각해보자. 이 세상에 선(善)만 존재한다면 선을 느낄 수 없다. 세상이 온통 다이아몬드로 가득 차 있으면 아무도 거들떠보지 않을 것이다. 악(惡)이 존재하기에 선이 아름다운 것이다. 고로 악도 일정 부분 우리 삶에 필요한 요소다. 당신이 연출가라면 착한 사람만 나오는 드라마를 만들겠는가? 아마 조만간 시청률이 떨어져 광고도 끊어지고 금방 막을 내릴 것이다. 놀부가 있어 흥부가 빛나고, 뺑덕어멈의 존재로 인해 심청이 사는 법이다. 그러니 악인을 마음에 담지 말라. 그는 불쌍한 사람이다. 카드로 치면 그는 당신보다 시원찮은 패를 든 것이요, 드라마로 치면 주연인 당신과 달리 조연을 맡은 셈이다. 그러니 악한 인간 미운 인간을 보며 연민의 감정을 품자.

"당신도 나름대로 사회에 공헌하는구려. 그런데 그런 나쁜 역을 맡아서 안됐수."

숨어 있는
행복을 찾아라

연세대학교를 설립한 언더우드 선교사가 어느 개척교회 젊은 목회자를 방문했다. 그 교회에는 신도들이 다 떠나버리고 전도사 부부만이 외롭게 남아 있었다. 언더우드 선교사가 만면에 웃음을 보이면서 상심에 빠진 젊은 전도사를 위로했다.

"전도사님은 희망이 있습니다."

"예? 지금 절 놀리시는 겁니까?"

전도사가 따지듯 되물었다.

그러자 언더우드 선교가 말했다.

"여기서 더 줄어들 리는 없고, 앞으로는 오직 늘어날 일만 남았으니 희망적이지요."

우리나라 개화기에 종교·정치·교육·문화 등 여러 분야에 많

은 공적을 남긴 언더우드 선교사는 다른 나라 사람들이 우리나라의 존재조차 모르던 시절에 교회를 세우고, 대학을 세우고, 병원을 세웠다. 그리고 무엇보다 암흑의 시절에 사람들의 마음속에 희망의 씨앗을 심었다.

덴마크의 종교철학자 키르케고르는 말했다.

"절망은 죽음에 이르는 병이다."

우리에게 닥친 고난이 우리를 죽음에 이르게 하는 것이 아니라 그 고난을 당했을 때 그만 절망에 빠지고 마는 행위가 죽음을 자초하고 마는 어리석은 짓이다. 절망이 죽음에 이르는 병이라면 희망은 사람을 살리는 힘이다. 언더우드 선교사의 멋진 유머가 지친 전도사에게 희망을 주었다.

부정적 상황에서도 긍정적 생각을 갖게 하는 힘, 이것은 곧 유머의 힘이기도 하다. 유머는 세상을 다르게 보게 하며 절망 속에서 희망을 발견한다.

신(神)은 태초에 인간에게 무제한의 행복을 나누어주셨다. 행복이 지천으로 깔리자 인간은 행복의 가치를 깨닫지 못하고 흥청망청하는 형국이 되었다. 보다 못한 천사장은 인간으로부터 행복을 거두어들이기로 결정했다. 그런데 거두어들인 행복을 어디에 감추어두느냐가 문제였다. 궁리 끝에 인간 각자의 마음속 깊이 감추어놓기로 했다. 인간이 제아무리 영리해도 자기 마음속에 행복이 숨어 있다는 사실은 알지 못할 것이라고 확신했던 것이다.

놀랍게도 우리의 마음속에는 이미 행복이 와 있다. 당신이 절망의 골짜기를 헤맬 때도 이미 당신이 행복과 희망을 품고 있음을 깨달아야 한다.

만일 당신의 삶이 원하는 것만큼 행복하지 않다면, 당신의 행복을 보지 못하도록 막고 있는 것이 무엇인지 찾아야 한다. 미국의 심리학자 쉐드 햄스터드 교수의 연구에 따르면 실제로 사람은 5만~6만 가지의 생각을 하는데, 그 가운데 3만~4만 가지 정도가 부정적인 생각, 안 좋은 생각들이라고 한다. 결국 우리는 부정적인 생각과 싸우면서 하루를 시작하는 것이다.

목포에서 사업을 하는 한 사장이 직원들에게 각자의 목표량을 달성하라고 격려했다. 그는 목표를 달성하는 직원에게 인센티브로 자신의 바닷가 별장을 쓰게 해주겠다고 제의했다. 그러자 한 직원이 물었다.

"해변에 별장을 가지고 계신 줄은 몰랐습니다."

"지금은 없지. 그렇지만 자네들이 목표를 달성하면 별장을 살 수 있게 된다네."

희망을 품고 사는 사람은 안다. 희망을 나누는 그 대화의 순간이 얼마나 진실하고 황홀한지를. 우리의 영웅 이순신 장군은 "12척으로 왜군을 물리칠 수 없다"고 말하지 않았다. "아직도 내게는 12척의 배가 있다"고 말했다.

희망은 강한 용기이며 의지이다. 성공하는 데는 강한 용기와 의지가 필요하다. 꿈이 있는 기업이 성장한다. 희망이 있는 사람이 성공한다.

더 나쁜 것보다
낫다

카네기는 강연 중 한 여성으로부터 거친 욕설을 들었다. 하지만 그는 끝까지 온화한 미소를 잃지 않았다. 그러자 제자가 물었다.

"선생님, 정말 대단하십니다. 어떻게 그런 험한 말을 듣고도 웃을 수 있으신지요?"

그러자 카네기가 말했다.

"그 여자가 내 아내가 아니란 사실이 매우 고맙고 감사했다네."

만약 그 여자가 내 아내라고 치자. 50년 곱하기 365일 곱하기 24시간에다 시간당 세 마디 잔소리로 쳐도 곱하기 3. 그야말로 천문학적인 숫자다. 그에 비하면 지금 한두 마디 욕설을 듣는 건 조족지혈이다. 그렇게 생각하는 순간 인생이 얼마나 즐거워지는가!

새로운 눈으로 세상을 보라

강의 중 누군가의 휴대전화 벨소리가 울린 적이 있다. 청중 한 사람이 머리를 숙인 채 전화기에 귀를 바짝 대고 소곤거렸다. 사람들이 그를 주시하기 시작했다. 30초쯤 뒤 얼른 전화를 끊은 그는 나와 눈이 마주치고는 얼굴이 빨개졌다. 미안하게 생각했단 증거다.

"다 하셨어요? 통화 더 하셔도 되는데. 정말 고맙습니다!"

무슨 말을 하려는 거야? 사람들은 어리둥절한 표정이었다.

"3분 통화하시는 분도 봤는데, 그분에 비하면 정말 짧게 해주셨어요. 목소리를 크게 내는 분도 있는데 작은 소리로 소곤소곤 이야기해주셨잖아요. 정~말 고맙습니다!"

사람들이 더 크게 웃고 좋아했다.

한번은 마이크가 꺼졌다 켜졌다를 반복했다. 접촉이 잘 안 되는 모양이었다. 담당자가 당황한 얼굴로 나오더니 이리저리 만져보았지만 소용이 없었다. 분위기는 금세 어수선해지고 말았다.

"그래도 이 정도면 괜찮습니다. 마이크가 전혀 작동 안 되는 경우도 있어요. 그에 비하면 이건 반은 되네요."

청중의 집중력을 다시 모으고 분위기를 되살릴 수 있었다.

아픈가? 더 아픈 것보단 낫다.

힘이 드는가? 더 힘든 것보단 낫다.

슬픈가? 더 슬픈 것보단 낫다.

어떤 경우에도 행복한 사람이 되어라. 행복한 사람만이 소통의 즐거움을 알기 때문이다.

주면
얻는다

정주영 회장이 스물일곱 살 때 자동차 정비공장을 시작했다. 그런데 한밤중에 그만 공장에 불이 났다. 직원들은 호랑이 같은 사장을 대할 것을 생각하니 거의 초죽음 상태였다.

드디어 정회장이 불타오르는 공장에 나타났다.

모두 할 말을 잃고 긴장 상태에 있는데 정회장이 입을 열었다.

"잘됐군. 그렇지 않아도 공장을 헐고 다시 지으려 했는데, 여러분 덕분에 철거 비용을 절약할 수 있으니 말이야!"

젊은 정주영 사장은 씨를 뿌려야 거둔다는 성공의 비밀을 알고 있었다. 직원들에게 믿음을 보여주니 직원들은 그에게 헌신했고, 그는 큰 성공을 이루게 된다.

"행복하고 싶어요."

"부자가 되고 싶어요."

모든 사람들은 건강하고 행복하고 경제적으로 넉넉한 풍요로운 삶을 원한다. 당신이 방금 무역회사를 차린 청년 사업가라고 치고 한 가지 물어보겠다.

"부자가 되면 어떻게 살고 싶습니까?"

"부자가 되면 좋은 최고급 첨단 아파트에서 살고 싶어요. 평수가 넓어서 서재, 응접실에 홈바도 있고요……."

"그리고 또?"

"세계여행도 하고 싶어요. 사실 이런 세속적인 욕망만 있는 건 아니에요."

"하면?"

"가장 먼저 어려운 친척도 돕고 싶고, 가난한 학생들을 위해 장학금도 기부하고 싶고, 또……."

"또?"

"모든 사람들이 부자가 되게끔 도와주고 싶어요."

세속적인 욕망이 절대로 나쁜 건 아니다. 나쁘다고 생각하면 잠재의식 또한 받아들이려 한다. 즉 부자가 되는 걸 막는다. 당신이 최고급 아파트를 구입할 정도로 돈을 많이 벌었다면 훌륭한 일이다. 세금을 내서 국가 재정을 돕고, 그 세금은 국방·복지·교육으로 활용될 것이다. 당신이 구입한 아파트 자금 덕에 건설회사가 운영되고 그 직원들과 가족들이 먹고산다.

당신은 차원 높은 희망도 가지고 있다. 가족도 돕고 가난한 학생들 장학금도 주고. 정말 장하다. 당신은 부자가 되면 반드시 그런 일을 할 사람이다. 생각이 말로 나오는 법이니까.

이제 부자가 되는 법을 찾아보자.

부자가 되려면 잠재의식이 발동해야 한다. 당신을 부자로 인식하면 된다. 당신 말대로 부자는 주는 사람이다. 세금을 주고 장학금을 주고 봉급을 주고 지혜를 주고 정보를 주고…….

이제 당신은 있는 걸 남에게 주라. 아무것도 없다고? 돈은 없지만 마음은 있다.

"당신이 잘되길 바랍니다."

"그대가 성공하길 바랍니다."

"선생님 부자 되세요."

그러면 잠재의식이 생각을 한다.

'아하, 나는 엄청 부자구나. 뭔가 있으니까 주는 거지, 없으면 어찌 줄 수 있겠어?'

이제 온갖 방법을 통해서 우주에 가득한 풍요로움을 당신 앞에 끌어온다.

마찬가지로 당신이 행복하고 싶다면 어찌하면 될까? 방법은 동일하다. 행복을 주는 사람이 되는 것이다.

"당신이 행복하길 바랍니다."

"그대, 행복하세요."

"박 선생님 행복 가득하세요."

그러면 신이 당신에게 행복을 가져다준다.

"남에게 친절하고 관대한 것이 내 마음의 평화를 지키는 길이다. 남을 행복하게 할 수 있는 사람이 행복을 얻는다"고 플라톤은 말했다. 군이 대철학자의 말이 아니더라도 이 세상에는 엄연히 존재하는 법칙이 있다. '빼앗으면 빼앗긴다' '베풀면 얻는다' '사랑하면 사랑받는다' 등이다. 물건을 소중히 하면 물건이 모여든다. 사람을 소중히 하면 사람이 모여든다.

먼저 주는 방법을 알면 돈도 사랑도 그리고 행복까지 다 얻을 수 있다. 여기 이 남자처럼.

이웃집에 다녀온 순이 엄마는 무척 속이 상했다. 이웃집 여자가 생일 선물로 남편에게서 화장품 세트를 받았다고 자랑했기 때문이다. 순이 엄마는 남편에게 막 짜증을 부렸다.

"옆집 짱구 엄마는 생일 선물로 화장품 세트를 받았다는데 당신은 뭐예요? 지난달 내 생일 때 통닭 한 마리로 때우고……."

그러자 순이 아빠가 혀를 끌끌 차며 말했다.

"쯧쯧, 그 여자 참으로 불쌍하구먼."

"아니, 그 여자가 불쌍하다니 무슨 말씀이에요?"

"짱구 엄마가 당신처럼 예뻐봐. 화장품이 뭐 필요하겠어?"

있는 그대로
인정하라

개망나니 아들이 그날도 술에 취해 비틀거리며 돌아오자 황희 정 승이 큰절을 했다. 깜짝 놀란 아들이 물었다.

"아니 아버님 어찌 소자에게?"

"제 말을 안 들으니 분명 우리 가족은 아닐 테고……. 그럼 손님 이실 테니 인사를 드립니다."

과연 황희다. 사람 심리에 대한 통찰이 압권이다. 이 사건 이후 아들은 개과천선해 가문을 빛냈다.

자녀를 바라보는 부모의 관점도 바뀌어야 한다. 자녀를 짜증의 대상이나 부모의 소유물로 여기는 부모들이 많다. 아이가 문짝도 아닌데 소유물로 생각하고 함부로 페인트칠을 하려 한다.

"아유, 색깔이 맘에 안 드네."

빨강, 파랑, 노랑 등 부모가 원하는 색깔을 칠한다. 아이는 숨이 막힌다. 누가 당신 얼굴에다 함부로 페인트칠을 한다고 생각해보라. 미술에 소질 있는 아이에게 의대 가라 하고, 음악에 재능 있는 아이에게 법대를 가라고 하면 어찌 되는가?

아이가 원하는 걸 원하라. 명령보다는 대화하고, 잔소리하기보다는 아이의 말을 먼저 들어보자. 간섭하고 요구하기보다 일기를 써라. 아이의 느낌, 아이의 요구 사항, 아이의 특징, 아이의 바람, 아이의 소원, 아이의 재능, 아이의 표현, 아이의 유머 등을 기록한 '자녀 일지'.

아이는 또한 부모의 소유물이 아니라 고귀한 인격체다. 그 많은 비판과 비난, 울화통과 저주를 들을 만큼 못난 존재가 아니다. 한번 따져보라. 허준과 그 부모 중 누가 더 위대한 일을 했나? 이순신과 그 부모, 김구와 부모, 니체와 부모, 퀴리 부인과 부모…… 모두 부모보다 자녀가 더 훌륭하다. 그러니 앞으로 자녀를 볼 때마다 나보다 더 나은 분이 여기 계시는구나, 귀하고 소중한 분이구나 생각하며 옷깃을 여미기 바란다.

밤늦게 책을 보던 아이가 아빠에게 묻는다.

철이 : 해는 왜 뜨고 져요?

아빠 : 뜨거운 공기는 위로 올라가고 찬 공기는 가라앉잖니. 낮에는 뜨거워서 올라갔다가 저녁이면 식어서 가라앉는 거란다.

철이 : 그럼 왜 동쪽에서 서쪽으로 움직여요?

아빠 : 바람 때문이야. 해가 있는 곳에는 동쪽에서 서쪽으로만 부

는 바람이 있는데 그걸 태양풍이라고 하지.

철이 : 해가 진 뒤에는 어디로 가요?

아빠 : 서쪽이니까 중국이지. 그 동네는 유난히 땅이 붉다더구나.

철이 : 그곳 사람들은 모두 태양 때문에 화상을 입었겠네요?

아빠 : 아까 말했잖니. 저녁이면 해는 식는다고.

철이 : 그 큰 해가 중국에 떨어지는데 어떻게 지구가 멀쩡한가요?

아빠 : 해가 크다니, 동전만 하잖아!

철이 : 그럼 어떻게 다시 떠오를 수 있어요?

아빠 : 빨리 안 자니?

마지막에 낸 짜증 때문에 앞에서 자상하게 대답한 공덕까지 다 사라졌다. 습관적인 잔소리 대신 가슴에서 우러나오는 말을 하라.

"아들아, 네가 원하는 걸 존중한다."

"딸아, 네 마음이 원하는 거라면 나도 그걸 원한다."

가정은 개인을 존중하고, 개인은 가정을 존중하자. 야단을 쳐도 유머를 섞어 부드럽게 연출하는 황희의 노련함을 배우자. 끝으로 부모 자녀 간에 실습하면 좋을 방법을 소개한다.

1 당신이 평소 자녀에게 하는 말을 적어라.

2 자녀와 부모가 역할을 바꾸어 적은 그대로 말한다.

3 그렇게 서로 나눔한다.

두려움은
웃음으로 걷어내라

거사 전날, 윤봉길 의사가 조직의 지도자이며 정신적 스승인 백범 김구 선생과 생의 마지막 밤을 보내고 있었다. 백범이 먼저 입을 열었다.

"마지막 밤이군. 할 말 있으며 해보게."

"한 가지 소원이……."

"무엇이라도 들어주겠네."

"제 시계는 새것이고 선생님 것은 낡은 것이니 바꾸세요."

백범이 누군가? 일본인을 한주먹에 때려눕히고, 임시정부를 세우고 일본인들을 공포에 떨게 한 사람이다. 하지만 거사를 앞둔 그의 심정은 착잡했다. 비록 나라의 원수를 제거하는 숭고한 일이지만 젊은 윤봉길이 목숨을 버려야 한다는 사실에 마음이 괴롭다. 본인은 얼마나 두려울 것인가 생각하니 마음이 찢어질 것 같았다. 그런데 윤봉길의 한마디로 두 사람은 무거운 마음의 짐을 벗어버린다.

신학자 폴 틸리히에 의하면 인간에겐 세 가지 근원적 공포가 있다. 죽음, 무의미, 죄의식. 이것들이 인간에게 주는 압박은 너무나 강렬해서 극복해내기 고약하다.

'죽으면 어떡하지.'

'인생이 너무 허무해.'

'다 내 죄야.'

나 같은 강사에겐 시간 공포가 있다. 현재 오후 1시 정각, 출발 좌표는 송파구 한국유머센터. 오후 3시에 강원도 횡성군에서 강의가 있다. 출발하면서부터 불안이 엄습한다.

'막히면 안 되는데, 안 되는데…… 3시까진 도착해야지, 도착해야 하고 말고! 고속도로가 막히면 국도로 갈까? 아냐, 막혀도 고속도로가 낫지 암.'

차는 드디어 중부고속도로와 영동고속도로가 만나는 호법 분기점. 아, 하늘도 무심하셔라! 차가 막힌다. 하늘이 노래지고 내 얼굴색도 노래진다. 이때 유머 강사답게 엉뚱한 유머 상상 발동! 유머가 떠오르는 순간 불안감은 사라지고 입가에는 웃음이 번진다. 웃자 신기하게 길이 뚫린다.

하지만 끝은 아니다. 무대 공포가 남았다. 아무리 무대 경험이 많아도 매번 새로운 청중을 만나 그들의 마음을 열고 함께 소통하는 일은 결코 쉽지 않다. 유머 강사로서 청중의 마음을 얻는 것이 생명이기 때문이다.

초보 강사 때 일이다. 무대에 서서 청중을 바라보는 순간 무슨 말로 시작해야 할지를 잊어버리고 말았다. 이때 앞에 앉아 있는 여성이 웃는 게 보였다.

"남대문이 열렸나, 왜 웃으슈?"

그리고 무심코 바지를 내려다보니 아뿔싸 진짜 열려 있었다. 그때의 당혹감이라니. 뒤돌아서서 대충 수습하곤 한마디 했다.

"창문도 가끔 열어야 환기가 되잖아요~"

공포는 어떤 대상에 대한 두려움이나 관계를 맺기 싫어하는 감정이다. 공포에 빠진 사람은 우울하고 판단 능력이 떨어진다. 정상적 관계와 소통을 이루기 어렵다. 자신을 위축시키고 상대에 대해 공격적으로 대응하기 쉽다. 유머는 공포를 아무것도 아닌 것으로 만들어 관계를 만들고 소통을 원활케 한다.

3장

상대의 마음을
훔쳐라

머리보다
마음이 중요하다

미국의 한 교회에서 있었던 일이다.

예배 중에 한 아이가 장난감 권총을 가지고 놀다가 그만 화약을 터뜨리고 말았다. 그 소리가 어찌나 크던지 교회 안에 있던 사람들은 혼비백산하며 하나님을 찾았다. 당황한 부모가 아이를 심하게 야단치자 목사가 아이의 머리를 쓰다듬으며 말했다.

"오늘 이 아이는 하나님을 위해 큰일을 했습니다."

"네? 그게 무슨 말씀이신지……."

"제가 오늘 신도님들 앞에서 종말과 최후의 심판에 대해 소리 높여 외쳤지만 그 누구도 귀담아들으려 하지 않았습니다. 그런데 아이의 총소리 한 방으로 신도님들이 하나님을 다시 찾기에 이르지 않았습니까!"

논리를 넘어서는 감성, 머리보다는 가슴이 발달한 목사는 유머를 통해 두 가지 성과를 이룬다. 첫 번째는 부모에게 크게 혼이 날 아이를 구한 것이고, 두 번째는 설교에 귀 기울이지 않는 신도들을 부드럽게 지적한 것이다. 누구도 불행해진 사람은 없다.

기업을 대표로 한 조직은 그동안 어떻게 사람을 관리해야 최대의 생산성을 얻을 수 있을까를 고민했다. 가장 대표적인 것이 열심히 일하면 보상이 따를 것이라며 조직원을 독려하는 것이었다. 하지만 보상에도 한계는 있는 법이다. 국민소득 2만 달러를 넘어서면서 사람들은 더 이상 보상에 따라 움직이지 않았다. 그러자 조직은 사람들을 움직일 수 있는 대안이 필요했고, 그것은 인간성 회복과 일에 대한 즐거움이었다.

한 기업 강의를 가던 중 갑자기 차가 고장이 난 적이 있다. 강의까지 남은 시간은 30분. 담당자에게 다급히 연락했다.

"어휴~ 나 김진배 강사…… 어휴~ 차 고장…….."

한숨 반 걱정 반, 다급한 목소리를 들은 담당자는 내 상황을 이내 파악하고 딱 한마디 했다.

"걱정 마세요. 곧 차 보내겠습니다."

5분 만에 담당자가 함께 탄 차가 도착했고, 나는 편안하게 차 안에서 강의 관련 프레젠테이션도 받을 수 있었다. 강의가 끝나고 담당자에게 말했다.

"제 차는 지금 어느 카센터에 있습니까? 택시를 불러주시면 고맙겠습니다."

"일단 내려가시죠."

이럴 수가! 내 차는 그 사이 수리까지 끝내고 교육관 앞에 멀쩡하게 서 있었다.

생텍쥐페리는 "소중한 것은 눈으로 볼 수 없고 마음으로만 볼 수 있다"고 말했다. 머리보다 중요한 것은 마음이다. 아랫사람의 욕구나 불만은 눈으로 보지 말고 마음으로 보아야 한다. 예전에는 "난 박사다!" 하고 외치면 다 따라갔다. 그런데 이제는 바뀌었다. 지금은 "나 밥 산다!" 하면 그리로 사람이 몰린다. 바야흐로 박사 위에 밥사의 시대다. 상대의 마음을 알고자 할지니, 그 마음이 관계를 따뜻하고 인간미 넘치게 한다.

리더십은 머리가 아니라 마음이 열려야 한다. 사람을 감동시키는 감성 리더십이 소통의 열쇠이다.

유머로
마음을 훔쳐라

비행기 안에서 스튜어디스가 한 승객에게 음료수를 권했다. 승객은 "이거 혹시 독주 아니죠?"라며 농담을 걸어왔다. 그러자 스튜어디스는 당황하는 기색도 없이 웃으며 말했다.

"네 손님, 사랑의 독주입니다. 한 잔 하시면 마음이 사랑으로 충만해지실 거예요."

스튜어디스의 재치에 승객은 박수를 쳤다.

미국 심리학회 회장을 지낸 에이브러햄 매슬로는 인간의 욕구를 5단계로 나눠 사다리 형태로 보여줬다. 1단계의 욕구가 충족돼야 2단계로 올라설 수 있다는 점을 강조하기 위해서다. 이에 따르면 욕구의 밑바닥인 1단계는 생존을 위한 본능적 욕구다. 의식주 등이 이에 속한다. 2단계는 안정된 생활환경을 원하는 안전 욕구이고, 3단

계는 좋은 집단에 소속돼 인정받는 사회적 욕구다. 그리고 4단계는 주위로부터 존재와 실력을 인정받는 성취 욕구이고, 마지막 단계인 5단계는 자아실현 욕구다.

매슬로의 욕구 5단계설 가운데 1단계와 2단계 욕구는 물질적인 부(富)라 할 수 있다. 경제적으로 풍족해지면 1~2단계의 욕구는 이룰 수 있다. 3단계 이후는 물질적인 부와는 다른 정신적인 부에 속한다. 예를 들면 예술·문화·종교 등을 통해 경험하는 부다. 인간의 욕구는 비록 물질적인 결핍에서 출발하지만 정신적인 부를 통해 완성된다는 것이다.

오랜 비행에 지친 승객과 스튜어디스는 서로의 유머를 통해 상위 단계의 욕구를 해결한 셈이다.

그런데 유머 감각이 부족한 스튜어디스였다면 어떤 일이 벌어졌을까?

"결코 독주가 아닙니다! 여기 쓰여 있는 내용을 보시면 오렌지, 당분, 비타민 등 다양한 성분이 있지만 독은 없습니다."

승객은 아마 김이 빠졌을 것이다.

과거에는 성과를 높이는 것에 초점을 맞춘 기능적인 사회였다면, 이제는 구성원이나 고객의 마음을 사로잡아 조직을 활기차고 역동적으로 탈바꿈시키는 감성의 시대다. 선진국으로 갈수록 유머가 고객의 마음을 사로잡는 일등 공신 역할을 하고 있다. 고객 만족에 왜 유머가 필요할까? 고객은 일단 판매자나 기업의 이야기를 백퍼센트 믿지 않는다. 오히려 기업이 속임수를 쓰지 않나 신경을 바짝 세우고 관찰한다. 유머는 이렇게 닫혀 있는 고객의 마음을 여는 데 아주 쓸모가 있다.

마음이 불편하면 소비 욕구가 떨어진다. 내 마음이 불편한 상태에서는 공감할 수 있는 능력도 저하되므로 당연히 소비 욕구도 떨어지기 때문이다.

한 대형 마트의 지배인이 새로 채용한 점원이 일을 잘하고 있는지 살피러 왔다.

"오늘 손님을 몇 사람이나 상대했나?"

"한 사람입니다."

"한 사람밖에 안 왔다고? 그럼 오늘 판매액은?"

"1억 5,833만 4,000원입니다."

지배인이 놀라며 어떻게 한 사람에게 그렇게 많이 팔았느냐고 묻자 종업원이 대답했다.

"제일 먼저 낚싯바늘을 팔았죠. 다음에는 낚싯대와 릴을 팔았습니다. 이어 제가 손님에게 어디서 낚시를 하실 거냐고 물었더니 저 아래 바닷가에서 할 거라고 하더군요. 그래서 저는 그럼 보트가 필요할 거라고 했더니 그 손님은 소형 보트를 샀습니다. 그러고 나자 손님은 자기 소형차가 보트를 끌고 가지 못할 것 같다고 걱정하기에 저는 그 손님을 우리 자동차 판매부로 데리고 가서 레저용 차 한 대를 팔았습니다."

직원의 이야기에 놀란 지배인이 물었다.

"낚싯바늘을 사러 온 손님한테 그 비싼 물건들을 다 팔았단 말인가?"

"아닙니다, 지배인님. 실은 그 손님은 자기 부인이 골치가 아프다고 해서 아스피린 한 통을 사러 왔었죠. 그런 걸 제가 '선생님 이번 주말은 망쳤군요. 차라리 낚시나 가시죠' 하고 권했지요."

바야흐로 기업의 크고 작음을 막론하고 유머는 이제 필수다. 일방적인 마케팅이 아닌 쌍방향 소통의 마케팅이 필요한 시대이다.

상대의
마음을 읽어라

최인호의 소설 《상도》에 나오는 임상옥은 탁월한 유머 감각을 통해 상대의 마음을 정확히 읽어내는 유머형 인간이었다. 그는 젊은 시절, 당시 한성 치안을 맡은 실력자의 의중을 잘 파악하여 성공의 발판을 얻는다.

"여보게 젊은이들, 내가 숭례문 관리를 맡고 있는데 하루에 도대체 몇 사람이나 지나가는지 알 길이 없군. 누구 아는 사람 있으면 내게 말해주게."

아무도 대답을 못하는데 임상옥이 분연히 말했다.

"두 사람이옵니다."

그러자 사람들은 어이없다는 듯 웃었다. 하루에 수백, 수천 명이 지나다니는 걸 뻔히 아는데 고작 두 사람이라니.

"어째서 그러한고?"

"대감, 그 둘은 이씨와 해씨입니다. 이씨란 대감께 이익이 되는 사람이요, 해씨란 해가 되는 사람이옵니다. 그러니 아무리 많은 사람이 지나다닌다 하더라도 결국은 두 사람이 아니겠사옵니까?"

이 사건을 통하여 임상옥은 정부 관리의 신임을 얻는다. 그리고 청나라와의 인삼 무역 독점권을 얻어 마침내는 조선 최고 갑부가 된다. 상대의 마음을 읽는 능력이 그를 성공의 길로 이끈 것이다.

눈치 있는 사람은 절에 가서도 새우젓을 얻어먹는다는 말이 있다. 이 옛말은 지금도 통한다. 물건을 팔아 부자가 됐다는 건 상대의 마음을 움직여 내 물건을 사게 했다는 말이다. 성공한 정치인들은 사람들 마음을 움직여 나를 선택하게끔 만든 것이다.

상인의 마음은 이문을 많이 남기는 데 있고, 소비자의 마음은 싸고 품질 좋은 상품을 고르는 데 있다. 사장의 마음은 회사의 발전에 도움이 되는 직원을 키우는 데 있고, 직원의 마음은 급여가 높고 자신의 능력을 인정해주는 회사에 가 있다. 그러므로 누군가의 마음을 얻고 싶다면 먼저 상대에게 어떤 이익을 줄까를 생각하라. 누구나 이익을 원하기 때문이다.

인간에게는 일곱 가지 기본적인 욕망이 있다.

1 식욕 : 가장 본질적이고 강력한 욕망이다.
2 성욕 : 식욕에 버금가거나 그 이상이다. 밥을 먹으며 섹스를 생각하는 사람은 꽤 있지만, 섹스를 하면서 밥 생각을 하는 사람은 거의 없다.

3 재물욕 : 돈은 귀신도 부린다는 말이 있다. 돈으로 무엇을 할 수 있을까를 헤아리는 것보다 무엇을 할 수 없는지 헤아리는 것이 훨씬 쉽다.

4 권력욕 : 권력은 부자지간에도 나눌 수 없다는 말이 있다. 이성계와 이방원의 갈등, 이방원과 세종의 갈등을 보라.

5 명예욕 : 천만금을 들여서라도 기어이 양반이 되고자 했던 우리 조상들, 가족이 흩어지는 아픔을 감수하고서라도 명문대 입학을 위해 조기 유학을 떠나는 아이들을 보라.

6 안전욕 : 따뜻하고 배가 부른 편안한 인생을 누리고 싶어 한다.

7 보람욕 : 스스로 보람된 일을 하고 싶어 한다. 경제적 보상이 따르지 않는데도 봉사활동에 참여하는 사람들이 갈수록 늘고 있다.

이러한 인간의 기본 욕구를 이해하고, 상대방이 바라는 것이 무엇인지를 파악해야 그의 마음을 얻거나 움직일 수 있다.

"아니, 상대의 마음이 어디에 있는지 어떻게 안단 말이오?"라고 묻고 싶은 사람들이 많을 것이다. 상대의 눈빛, 제스처, 주위 사람들로부터의 정보 입수도 중요하지만, 가장 효과적인 것은 당사자에게 직접 묻는 것이다.

"현재 당신의 최고 관심사는 무엇입니까?"

1분 1초가 다르게 급변하는 사회 속에서 고객의 요구는 점차 까다로워지고 다양해져, 이를 제대로 반영해내지 못하면 도태될 수밖에 없다. 상대방의 시각에서 그의 의견을 적극적으로 반영하는 것 또한 소통의 시작인 것이다.

칭찬한 후에
지적하라

미국의 전 대통령 캘빈 쿨리지는 여비서가 새 옷 입은 것을 보고 칭찬했다.

"우와, 정말 아름답소! 그런데 한 가지가 안타깝군."

"네? 뭐가 잘못되었나요?"

그러자 그는 활짝 웃는 얼굴로 말했다.

"당신의 아름다운 모습을 여러 사람이 봐야 하는데, 나 혼자 보는 것이 안타깝다는 말이오."

그러고는 기뻐하는 비서에게 지나가듯 말했다.

"내가 할 말이 있었는데, 당신의 아름다운 모습에 그만 잊어버리고 말았군. 그게 뭐였더라…… 아, 생각났네! 어제 제출한 보고서 말일세, 구두점만 보완하면 완벽한 보고서가 되겠더군."

'아름답다'를 세 번이나 언급하고 나서 완벽한 보고서라는 칭찬까지. 지적이라곤 구두점 보완이란 한마디뿐이다. 이게 칭찬인지 지적인지 헷갈린다. 칭찬, 유머, 웃음을 앞뒤로 포진해서 지적의 충격을 상쇄하는 세련된 화법이다.

돈 씀씀이가 헤픈 신입사원이 과장에게 쭈뼛거리며 말했다.
"과장님…… 저…… 가불을 좀 하고 싶은데요."
그러자 과장이 기특하다는 듯이 말했다.
"그거 잘됐군."
"네?"
"나도 신입사원 때 가불을 곧잘 했는데, 갚을 때까지는 업무 능률이 무지무지 올랐거든."

직설적인 지적은 그것이 옳은 말이라 할지라도 듣는 이의 의욕을 꺾어버린다. 일부러 실수하는 사람은 없다. 그 누구보다 이러한 상황을 초래한 본인이 가장 괴로운 법이다. 그런데 직설적인 지적을 받는다면 반성하기보다 반사적으로 자기보호 본능이 발동한다. 그 결과 안으로는 스스로를 위축시키고, 밖으로는 상대방에 대해 적의를 품게 된다. 훗날 구두점을 찍을 때마다 그날의 질책이 생각나 강박관념에 빠질 수도 있고, 상사의 지적이 옳음에도 불구하고 마음으로는 받아들이지 못해 갈등 관계를 만들 수도 있다. 그와 같은 관계에서는 구두점은 제대로 찍을지라도 다른 부분에서 제2, 제3의 실수가 발생하기 쉽다.

상대방의 잘못을 지적하는 유형을 살펴보면 다음과 같다.

1 짜증을 낸다 : 상대를 원색적으로 비난한다. 인상을 쓰며 큰 소리를 지르기도 한다.

2 참는다(말을 안 한다) : 상대가 상사인 경우 퇴근 후 동료들과의 술자리에서 상사의 뒷담화를 안주 삼아 푼다. 상대가 아랫사람인 경우 마음에 담아두고 인사고과에 반영한다.

3 칭찬한 후 지적한다 : 무엇이 잘못되었는지 본인이 가장 잘 알 것이므로 칭찬 후 가벼운 지적으로 끝낸다. 바로 격려로 이어져 동기부여가 더욱 확실해진다.

다른 사람을 '중요한 존재로 느끼게 만드는' 가장 효과적인 방법은 바로 칭찬이다. 칭찬이란 가슴으로 보여주는 리더십이기도 하다. 데일 카네기는 "칭찬은 상대로 하여금 자신이 중요한 사람임을 느끼도록 만드는 것이다. 칭찬을 통해 인간관계를 개선하고 삶을 윤택하게 할 수 있다"고 말했다. 그렇다고 무분별하거나 속이 들여다보이는 칭찬은 도움이 되지 않는다. 이런 식의 칭찬은 안 하느니만 못하다. 반감이나 반발 없이 상대를 변화시키고 싶다면, 거짓 없이 진실한 칭찬과 감사의 말로 시작하라. 자신이 인정받는다고 느낀다면 그들은 당신의 지적을 존중할 것이다.

수단이 아니라
목적으로 대하라

IBM의 창설자인 토머스 왓슨이 회장으로 있을 때다. 한 간부가 위험 부담이 큰 사업을 벌였다가 1천만 달러가 넘는 손실을 냈다. 왓슨에게 불려 들어온 간부는 고개를 들지 못했다.

"물론 저의 사표를 원하시겠죠?"

그러자 왓슨이 당치도 않다는 표정을 지으며 말했다.

"지금 농담하는 건가? IBM은 자네의 교육비로 무려 1천만 달러를 투자했는데 말일세."

왓슨 회장은 부하 직원을 수단이 아닌 기업의 목적으로 삼고 있었다. 그러기에 1천만 달러의 금전적인 손해를 보고도 결코 손해라고 생각하지 않은 것이다. 그는 1천만 달러를 투자해 회사에 헌신할 인재를 키운 것이다. 직장인 10명 중 3명만이 회사로부터 인정받고 있다고 생각한다는 조사 결과가 있다. 조직에서 가장 중요한 자산인 직원을 기업이 얼마나 소홀히 여기고 있는지 보여주는 사례다.

얼마 전 대형 할인마트에 갔다. 그곳에는 내 단골 수선집이 있다. 청년들을 대상으로 한 강의를 위해 청바지를 샀는데, 굵은 허리에 맞추다 보니 길이가 매우 길었다. 대충 접어서 될 문제가 아니어서 수선을 맡겼다.

"아유, 수선집이 너무 수선스럽네. 10분이면 되죠?"

"무슨 연탄 공장인 줄 아세요?"

"여기 연탄 공장 아니었어요?"

10여 분 후에 가니 벌써 수선이 되어 있었다.

"연탄 공장 맞군요."

내가 옷을 찾으며 말하자 일하는 아주머니들이 까르르 웃었다. 나도 따라 웃었다. 유머가 있으니 웃음이 생겼고, 웃는 만큼 우리는 행복해졌다.

임마누엘 칸트는 사람을 수단이 아닌 목적으로 대하라고 말했다. 인간을 인간 이외의 다른 목적을 달성하기 위해서가 아닌 그 인간 자체를 목적으로 두어야 한다는 것이다. 내가 단지 돈과 용역이 거래되는 물질적 관계로 수선집의 아주머니들을 대했다면 우리는 긍정적인 관계를 맺지 못했을 것이다. '나-그것'의 관계가 '나-너'의 관계로 승화되면 '머리-머리'의 대화가 '마음-마음'의 대화로 발전하며 그 순간 진정한 소통이 이루어진다.

요즘에는 가장 가까운 가족과의 관계에서도 이해타산을 따지는 일이 많다. 특히 부부관계에서 소통의 어려움을 호소하는 사람들이 늘고 있다. 기혼 여성들을 대상으로 '남편이 필요할 때'가 언제인지를 물었다.

1 밤 늦게 쓰레기를 버리러 나가야 할 때
2 형광등이나 전구가 나갔을 때
3 한밤중 손이 닿지 않는 곳이 가려울 때
4 화장실에 휴지가 떨어졌을 때
5 음식이 남아서 처치 곤란일 때
6 귤을 깠는데 먹어보니 너무 실 때
7 침대에 누웠는데 일어나서 불을 꺼야 할 때
8 야한 비디오를 빌릴 때
9 대형 할인점에 갈 때
10 병마개가 빡빡해 안 열릴 때

우스갯소리로 늘 남의 편만 들어서 남편이라 부른다는 이야기가 있다. 그런데 아내가 자신의 입장에서만 남편을 바라본다면 남편 역시 그와 같은 대응을 할 수밖에 없다.

내가 생각하는 것, 내가 말하고 싶은 것을 떠올리기 이전에 그가 생각하는 것, 그가 말하고 싶은 것을 진심으로, 온몸으로 들어주는 배려가 건강한 소통을 부른다.

상황을
반전시켜라

강사에게도 다양한 위기가 찾아온다. 가장 많은 경우가 말로 인한 위기다. 한 번 내뱉은 말은 주워 담기 어렵다. 그러한 위기를 행운의 기회로 반전시키는 게 유머다.

담배인삼공사의 직원 교육에서 인사를 한다는 것이 그만,

"금연하고 오래 사세요."

아차차! 강의실에서 웅성웅성, 혀 차는 소리가 들렸다.

"여러분~ 여기서 금연이 무슨 뜻인지 아시죠?"

"……?"

"과도한 연애를 금한다는 말이에요~"

한 우유 회사에서 강의를 하는데 입에서 나와선 안 될 말이 튀어

나왔다.

"여러분, 모유가 우유보다 좋은 점을 아시나요?"

순간 청중들 표정이 이상해졌다.

평상시 잘 사용하지도 않는 구시대 유머가 왜 튀어나오냐고!

"이 시간 우리 모유 같은 우유를 만들자고 다짐합시다. 찬성하시면 박수~"

'위기(危機)'는 '위험(危險)하지만 잘 활용하면 기회(機會)가 된다'는 뜻이다. 2만 년 전 지금의 사하라 사막은 비옥한 초원지대였다. 기후 변화로 인해 초원이 사막으로 변해버렸다. 그러나 그것이 오히려 인간들에게 좋은 기회를 가져왔다. 사막을 떠난 사람들이 나일 강가로 모여들었고 문명은 급속도로 발전하게 되었다.

몽골은 동양에서 가장 열악한 환경을 가진 나라로 꼽힌다. 워낙 북쪽에 위치해 석 달 동안만 반짝 풀이 나고 아홉 달 동안 춥고 배고프다. 생존하려면 항상 식량 정보를 입수해야 하고 빨리 움직여야 한다. 그들의 정보력과 스피드는 세계 최고였다. 그런 능력이 있었기에 칭기즈 칸은 단 10만 병사를 가지고 극동에서 유럽까지 1억 인구를 다스릴 수 있었다. 몽골의 단점이 장점으로 전환된 것이다.

한 소아과 전문의가 어린이 질병에 대한 강의를 하고 있었다. 그런데 한 학생이 장난으로 강의 파일 중간에 여자 누드 사진 몇 장을 끼워 넣었다. 강의 중에 갑자기 누드 사진이 나타나자 교수는 당황하지 않고 말했다.

"이 사진은 그 아이가 병을 완전히 치료하고 어른이 되었을 때의 모습입니다."

살면서 위기의 순간을 한 번도 겪지 않는 사람은 없다. 오래 준비한 중요한 프로젝트를 망치기도 하고, 마음에 둔 이성 앞에서 망신을 당하기도 한다. 이때 좌절하지 말고 유머를 활용하라.

위기의 순간 유머는 기회를 가져온다. 당신의 재치에 반전의 효과까지 더해져 더욱 큰 호응을 얻을 수 있을 것이다.

상대의 말 속에서
해결책을 찾아라

미국의 링컨 대통령이 의회에서 한 야당 의원으로부터 비난을 받았다.

"당신은 두 얼굴을 가진 사람이오!"

그러자 링컨이 억울하다는 표정으로 반문했다.

"만일 내게 두 개의 얼굴이 있다면, 이런 중요한 자리에 왜 하필이 얼굴을 갖고 나왔겠습니까?"

링컨은 상대의 말에서 '두 얼굴'이란 단어를 포착했다. 그 단어가 해결책이었다. 상대의 말을 빌려 응수하니 막힐 수밖에. 공격자의 원 뜻은 이랬다.

'두 얼굴 = 두 개의 인격'

링컨의 해석은 물론 달랐다.

'두 얼굴 = 두 개의 안면'

동음이의어 유머 기법이다. 상대방이 한 말을 빌려 되받아치는 공격이니 그가 준비되어 있지 않았다면 이긴 게임이다.

링컨은 위기 때마다 유머 감각을 발휘해 재치 있게 문제를 해결해나갔다. 그저 어휘력이 탁월하다고 해서 가능한 일은 아니다. 사람에 대한 통찰, 자기절제, 종합적인 판단력 그리고 따뜻한 인간미 등 리더에게 필요한 덕목을 두루 갖추었기에 가능했다. 링컨에게 유머 감각이 없었다면 정적과의 관계는 더 악화되고, 의회에서의 평가도 좋지 못했을 것이다.

"뭐 두 얼굴? 그러는 당신은 그렇게 깨끗한 인간이야?"

이렇게 핏대를 올리는 직설적인 대응도 문제지만 아무 말도 못하고 참기만 하는 것도 능사는 아니다. 그렇다고 구구절절 자신의 상황을 변명하는 것도 그렇다. 유머를 활용해 부드럽게 대응하면 된다. 유머는 윤활유이기 때문이다.

상대의 말 중에 다음에 해당하는 말이 있는지 유심히 살펴보라.

1 톤을 높이거나 낮추는 말
2 힘주어 하는 말
3 3회 이상 발언하는 말
4 내 눈을 주시하며 하는 말
5 또박또박 발음하는 말
6 제스처를 사용하며 하는 말

상대의 말에서 이러한 포인트 단어를 발견하면 문제는 반 이상 풀린 것이다.

직장생활에서 가장 어려운 점에 대한 한 설문조사에서 인간관계가 가장 많은 비중을 차지했다. 대부분의 문제는 상사, 동료, 아랫사람과의 관계에서 오며, 말 한마디에서 비롯된 실수가 오해를 낳고 결국 관계를 악화시키는 것이다.

사람을 이해하는 핵심은 그의 말을 제대로 듣는 데 있다. 말을 잘 들어보면 그가 무슨 생각을 하는지, 무얼 원하는지 알 수 있다.

고객이 떠나는가? 그렇다면 고객의 말을 경청하지 않았기 때문이다. 아랫사람들이 당신을 멀리하는가? 그렇다면 당신이 그들의 말을 경청하지 않는다는 증거다. 경청이 소통의 선행 조건임을 잊지 말자.

상대를
진정시켜라

영국 런던 하이드파크에 시위자들이 몰려들었다. 한 선동가가 국회에 불을 지르자고 하자, 또 다른 선동가는 정부청사에 불을 지르자고 외쳤다. 사람들은 군중심리에 휩싸여 당장이라도 불을 지르러 갈 태세였다. 그때 한 경찰관이 차분한 어조로 그들을 진정시켰고, 군중은 이내 제정신을 차리고 해산했다. 경찰관은 확성기에 대고 다음과 같이 말했다.

"국회에 불을 지를 사람은 이쪽 줄로, 정부청사에 불을 지를 사람은 저쪽 줄에 서보세요."

경찰이 선동가를 섣불리 연행하려 했다면 큰 불상사가 일어났을지 모른다. 그러나 무력 진압 대신 선택한 방법은 유머였다. 유머는 삐걱거리는 관계에 윤활유가 되기도 하며, 과도한 열로 인해 화재가 날 상황에서는 냉각 기능을 발휘하기도 한다.

호세 무리뉴 감독에게 맨체스터 유나이티드와 시합을 앞두고 기자가 물었다.

"맨유가 두렵지 않습니까?"

"조류 독감이 두렵습니다."

이 한마디에 거기 모인 선수들과 기자들이 배꼽을 잡았고, 선수들의 두려움은 사라졌다. 긴장과 두려움을 아무것도 아닌 것으로 만드는 기술이 또한 유머다.

운동선수에게 심리 안정 교육을 실시하고 있지만, 그래도 실전에서 상대팀으로부터 야비한 공격을 당하면 흥분하지 않을 수 없다. 이때 씩씩거리는 선수를 감독이 부른다.

"이봐, 자네는 이미 거대한 바위야. 시시한 자갈이 아니라고. 거대한 바위엔 이끼도 끼고 새똥도 있지. 하지만 조그만 자갈 따위에는 그런 게 없어. 거대한 선수는 시샘도 받고 견제도 받는 거야. 신경 쓰지 말고 경기에 집중해."

칭찬으로 우쭐해진 선수에게 마지막으로 유머 한마디를 날린다.

"이봐, 내가 그 바위에 가끔 앉아도 되겠나?"

어느 집에 강도가 침입했다. 딸들이 비명을 질렀고, 그 비명은 젊은 강도를 더욱 자극했다.

"입 다물어! 다 죽여버릴 거야!"

그러자 가장인 아버지가 나섰다.

"괜찮다 애들아. 너희가 무서운 것처럼 이 젊은이도 무서울 거야. 양주 한 병과 잔 좀 가져오너라."

그러더니 양주를 따라 한 잔 마시고 강도에게도 한 잔 권했다.

"자, 한 잔 받게. 마음이 좀 진정될 걸세. 나도 젊었을 때 어려웠던 적이 있었지. 남의 집이라도 털고 싶었어."

인간적으로 대하며 솔직하게 대화를 시작하자 젊은이도 속내를 털어놓았다.

"그래, 수입은 얼마나 되나?"

"그냥…… 월급쟁이 정도는 됩니다."

그렇게 대답을 하고 나니 자기가 한 말이 우스워 도둑은 웃음을 터뜨렸다. 그러자 집주인도 따라 웃고, 그 웃음에 딸들도 웃었다.

"숨어 있는 장점이 많은 젊은이군. 앞으로 인생 목표는 무엇인가?"

"돈이 모이면 조그만 가게를 열려고요."

그러더니 젊은이가 갑자기 일어나 큰절을 하며 사과했다. 그리고 최선을 다해 인생을 살겠노라고 다짐하면서 집을 떠났다. 공감과 웃음이 강도를 진정시킨 것이다.

고객의 불만, 아랫사람의 원성, 상사의 질책을 받는 순간을 떠올려보라. 이때 당신은 어떻게 대처하는가? 흥분한 사람에게 시시비비를 가리는 건 멍청한 짓이다. 바로 맞받아치면 싸움으로 발전해버리는 경우가 많다. 차분한 공감과 맞장구로 불을 끄는 게 우선이다. 상대방에게 여유를 준 후 그의 눈빛이 부드러워지면 그때 당신의 주장을 전하면 된다.

웃기면
팔린다

탑승구를 몇 번이나 바꾸는 바람에 승객들이 탑승구를 찾아 이리 저리 오갔는데 최종적으로 확정된 탑승구는 맨 처음에 정해졌던 곳이었다. 그런데 화가 났던 승객들은 한마디 방송 멘트에 모두 웃을 수밖에 없었다.

"델타 항공의 건강 프로그램에 참여해주셔서 진심으로 감사드립니다."

'고객을 웃겨라.' 불황의 시대에 살아남으려는 기업에게 주어진 특명이다. 유머 경영으로 잘 알려진 사우스웨스트 항공사뿐만 아니라 델타 항공 역시 유머 경영에 눈을 떴다. 고객을 그리 뺑뺑이 돌려놓고는 건강 프로그램이라니! 그래도 요즘 고객은 이 정도 유머 감각이라면 기꺼이 용서하고 웃어준다. 지금 이 항공사는 유머 경영의 대표 기업이라 할 수 있다.

"기장입니다. 담배를 피우실 분들을 위해서 자리를 마련했습니다. 날개 위에서 피우시면 됩니다. 영화도 틀어드립니다. '바람과 함께 사라지다'."

저가 항공사인 사우스웨스트는 '사우스웨스트 조크'라는 말이 생길 정도로 기내에서 벌이는 코미디, 분장 쇼 등이 유명하다. 1990년대 초반부터 시작된 '유머도 함께 판매한다'는 경영 전략은 큰 호응을 얻어 매년 8퍼센트 이상의 성장세를 지속해왔다. 이 항공사는 최근 9·11 테러로 인해 취소했던 기내 쇼를 다시 부활했다. 추가 테러에 대한 공포에 맞설 수 있는 방법은 바로 '웃음'밖에 없다는 결론에 이르렀기 때문이다.

유머 경영은 다양한 산업에 확산되고 있다. 세계적인 다국적 기업에서 운영하는 쉘 주유소는 손님들이 '셀프 펌프'를 이용해 주유하는 시간을 단축하고 즐겁게 만드는 데 성공함으로써 매출을 크게 올렸다. 주유하는 동안 재미있는 비디오를 틀어줌으로써 손님들의 긴장을 늦추고, 그 결과 얼마의 돈이 들어가는지 신경을 덜 쓰게 된다는 전략이다. 사람들을 웃기면 구경꾼은 고객이 되고, 고객은 단골이 된다.

그뿐이 아니다. 웃음으로 신을 움직인 사람도 있다.

한 여신도가 담임목사에게 말했다.

"목사님, 제가 하나님을 웃겼더니 하나님이 제 기도에 응답하셨어요. 제가 오랜 시간 동안 남편을 위해 기도해봤지만 소용없었어요. 남편은 교회에 나올 생각은 전혀 하지 않고 요지부동이었지요. 그러다가 어느 날 새벽예배 때 남편 구두를 교회에 가지고 나와서 강대상에 놓고 이렇게 기도를 했습니다. '하나님, 구두가 먼저 나왔사오니 주인도 이 구두 따라 나오게 하여 주시옵소서'라고요. 제가 생각하기에도 너무 우스워서 한참을 웃었지요. 그런데 다음 주일날 남편이 갑자기 저를 따라 교회에 간다고 하지 않겠습니까? 그러더니 요즘 계속 교회에 나오고 있답니다. 제가 하나님을 웃겼더니 제 소원이 이루어졌습니다."

웃음이 성공의 열쇠이고 마음을 움직이는 핵심이다. 하지만 조심할 게 있다. 웃기면 팔리지만, 우습게 장사하면 낭패를 볼 수도 있다.

두 남자가 수박 장사를 해서 돈을 벌기로 했다. 그들은 트럭을 몰고 시골에 가서 한 통에 1천 원씩 주고 수박을 사왔다. 그리고 한 통에 1천 원씩 팔았다. 수박 한 통에 1천 원이라고 하니 한 시간도 안 돼서 수박이 모두 팔려버렸다. 두 사람이 기뻐하며 돈을 헤아려보니 수박을 사는 데 들인 액수와 똑같았다. 기쁨은 낙담으로 바뀌었다. 한 남자가 투덜대며 친구에게 한마디 했다.

"내가 뭐랬어! 큰 트럭으로 하자고 했잖아!"

웃음은 긴장을 풀고 마음을 여는 역할을 한다. 고객은 자신을 향

해 웃는 판매원에게 호감을 느낀다. 맥도널드가 러시아의 수도 모스크바에 처음 지점을 낼 때 그들이 펼친 전략은 '웃음 전략'이었다. 종업원의 선발 기준도 '잘 웃는 사람'이었다. 직원들은 미소와 웃음으로 고객을 대했고, 맥도널드는 웃음이 없는 러시아 사람들을 사로잡을 수 있었다고 한다. 이렇듯 웃음은 최고의 판매전략이다.

농담은
농담으로 받아라

미국 대통령 레이건이 저격을 당해 응급실에 실려 왔다. 수술이 시작되기 전 외과 의사들이 모였고, 주치의가 말했다.

"대통령님, 이제 수술을 시작하겠습니다."

그러자 레이건이 주치의를 보며 말했다.

"당신들 물론 공화당 당원이겠지요?"

이 말을 들은 주치의는 빙그레 웃으며 대답했다.

"저희들 모두 조금 전에 공화당에 입당했습니다."

농담은 긴장을 이완시킨다. 저격을 당한 레이건은 얼마나 놀랐겠는가. 대통령의 수술을 맡아야 하는 의사들의 긴장감도 말할 필요가 없다. 그런 상황에서 오고 간 농담으로 인해 레이건과 주치의는 평상심을 되찾을 수 있었고, 편안한 상태에서 수술을 진행할 수 있었다.

농담은 진지한 말 못지않게 값진 때가 많다. 있는 그대로의 말이나 진지한 이야기에 비해 보다 다양한 뉘앙스를 내포하여, 무거운 이야기를 부담 없이 들어 넘길 수 있게 하기 때문이다. 상대를 모욕하는 농담이 아니라면 농담은 우리의 정신건강을 위해 상당한 효과가 있다.

깊은 산중에서 오랫동안 수도하던 도사가 마을로 내려왔다. 수양을 위해 다른 절을 찾아가려는데 세 갈래 길이 나타났다. 마침 지나가는 농부에게 길을 물었다. 심기가 불편했던 농부는 빈정거리며 말했다.

"보아하니 도사이신 것 같은데 본인이 직접 점을 쳐서 알아보시구려."

그 말을 들은 도사가 대답했다.

"음, 점을 쳐보니 지나가는 농부에게 물어보라고 나왔소이다."

예부터 재치 있는 사람들은 그만큼 농담도 잘했다. 그러나 농담은 해서 좋을 때와 해서는 안 될 때가 있어 이 점을 잘 고려해야 한다. 그리고 지나쳐서도 안 된다. 농담이 지나치다 보면 분위기를 살리기는커녕, 도리어 듣는 이의 기분을 상하게 하여 분위기 전체를 망쳐버리게 될 경우도 있기 때문이다. 당신은 상대의 농담을 듣고 어떤 반응을 보이는가?

1 같이 농담하거나 웃는다.

　　→ 최상의 인간관계를 구축하고 있는 사람이다.

2 농담과 진담이 도무지 구분이 안 간다.

　　→ 유머 공부가 필요한 사람이다.

3 농담하는 사람을 보면 짜증난다.

　　→ '유머＝무가치'란 고정관념에서 벗어나야 할 사람이다.

2번이나 3번을 선택했다면 당신은 인생의 가장 중요한 요소 중 하나를 놓치고 사는 셈이다.

상대에게
우월감을 선사하라

존슨이 정적인 포드에 대해 비아냥거렸다.

"포드는 좋은 사람입니다. 그러나 미식 축구하던 시절에 헬멧을 쓰지 않고 경기를 뛴 것 같습니다."

"포드는 얼마나 아둔한지 걸으면서 동시에 껌을 씹지는 못합니다."

미국의 대통령이었던 포드는 미국인들에게 약간 어리숙하고 우둔한 이미지를 남긴 인물이다. 그가 공화당의 하원 원내총무로 있을 때 대통령을 지냈던 민주당의 존슨은 포드를 비아냥대곤 했다. 그의 말에는 '당신은 멍청이라고! 학생 때 헬멧을 안 쓰고 미식 축구를 해서 뇌세포가 파괴됐지? 걷는 것과 껌 씹는 것 두 가지를 동시에 못 해내는 사람이야!'라는 의미를 담고 있었다. 그러나 포드는 그 이야기를 듣고도 대범하게 웃어넘길 뿐이었다.

미국의 코미디언 체비 체이스는 포드를 흉내 냄으로써 일약 스타가 된 사람이다. 그는 걸핏하면 부딪치는 미련한 포드를 흉내 내곤 했다. 하루는 한 방송 행사에 포드와 체이스가 나란히 참석했는데, 체이스는 악단이 대통령을 위해 음악을 연주하는 동안 연단에 머리를 부딪치고 바보 같은 발언을 하는 등 누가 보기에도 포드를 놀리는 행동을 일삼았다. 연주가 끝나고 연단에 선 포드는 연설문을 펼치다가 그만 원고를 바닥에 모두 날려버렸다. 그러고는 조금 전에 체이스가 했던 것과 똑같은 바보스런 말투로 연설을 시작했다. 그 모습에 청중은 폭소를 터뜨렸다. 그는 체이스의 행동을 웃음으로 받아넘겼을 뿐만 아니라, 청중에게 웃음을 선사하기 위해 거꾸로 체이스 흉내를 냈던 것이다.

사람에게 있어서 웃음이란 대단히 유쾌한 것이다. 인간관계의 윤활유 역할을 하기 때문이다. 그런데 이 웃음을 불러일으키는 것 중 하나가 바로 우월감이다. 우리는 우월감을 느낄 때 웃는다. 사람들을 잘 웃기는 개그맨들은 이 점을 잘 알고 있는 것 같다. 그들은 모자란 듯 보이는 행동으로 시청자에게 웃음을 끌어낸다. 시청자에게 우월감을 주는 것이 웃음의 포인트이다.

웃음을 만들고 싶은가? 당신의 약점을 찾아라. 유머리스트에겐 약점(弱點)이 곧 약점(藥點)이다. 당신의 실수담을 모아라. 그것으로 사람들에게 우월감을 선물하라. 내가 멍청한 짓을 하거나 망신을 당하는 순간 상대방이 우월감을 느껴 웃음이 나온다. 나도 강의 중 종종 이 방법을 써먹는다.

"난 유머 강사 1호에다가 20여 권의 책을 쓴 유머 작가입니다. 아무나 손 들어보세요. 평범한 이름을 유머형 이름으로 바꾸어드리지요. 이게 유머 감각 중 가장 어렵다는 순발력 유머랍니다."

이러면 손을 드는 사람이 있다.

"제 이름은 정인석입니다."

"정인석 씨요? 3초면 됩니다. 정인석이라 정…… 정……."

사람들이 내게 시선을 집중한다. 얼마나 재미있는 이름을 만들어낼까? 이때 강사의 한마디가 나오고 폭소가 터진다.

"뭐, 이렇게 간혹 안 되는 경우도 있어요."

흔히 사람들은 잘난 사람을 따르기 마련이라고 생각한다. 그러나 상대가 완벽하면 주눅이 드는 게 사람 마음이다. 고객 앞에서, 동료 앞에서 스스로를 우스갯거리로 만들어보라. 당신은 언제나 그들이 우월감을 느끼도록 해줘야 한다. '나도 못난 사람이랍니다.' 자신을 낮추는 순간 상대방은 우월감 내지는 동질감을 느끼게 되고 이내 친밀감이 형성된다.

큰 비가 와서 마당에 물이 고이면 삽이나 호미로 한쪽을 낮추어 물길을 낸다. 말의 길도 마찬가지다. 상대의 말을 유도하려면 나를 낮출 일이다. 이게 소통의 원리이다.

결과보다는
의도를 칭찬하라

한 성당의 미사에서 신부를 돕던 소년이 실수로 성찬용 포도주를 담은 그릇을 떨어뜨렸다. 신부는 즉시 소년의 뺨을 때리며 소리를 질렀다.

"이런 한심한 놈, 썩 물러가거라! 다시는 제단 앞에 설 생각도 하지 마라!"

마음에 큰 상처를 받은 소년은 자신은 쓸모없는 사람이라 여기며 험한 인생을 살다 훗날 범죄자가 되었다.

다른 성당에서도 똑같은 상황이 벌어졌다. 미사를 돕던 한 소년이 성찬용 포도주 그릇을 떨어뜨렸다. 신부는 머리를 쓰다듬으며 작은 소리로 말했다.

"어이쿠, 포도주 냄새만 맡아도 취하는 걸 보니 너는 앞으로 성실한 사람이 되겠구나."

이 소년은 훗날 훌륭한 사람이 되어 어려운 사람들을 위해 많은 사랑을 베풀었다.

첫 번째 이야기의 신부는 결과를 중시했고, 두 번째 이야기의 신부는 의도를 중시했다. 우리 사회도 아직 결과 지상주의 문화가 많이 남아 있다. 목표 달성하고 결과가 좋으면 그만이지, 과정과 수단이 뭐 그리 대수냐며 가볍게 여기거나 무시해버리는 풍조다.

1994년 미국 월드컵에서 자살골을 넣은 콜롬비아 국가대표 선수가 귀국해서 자신의 동포에 의해 피살당했다. '너 때문에 우리나라가 졌으니 넌 죽어 마땅하다'는 것이 살해자의 논리였다.

예전에 휴대전화 문자메시지를 통한 수능 부정행위 수사가 온 나라를 떠들썩하게 만든 적이 있다. 교육부가 경찰로부터 부정행위자 명단을 넘겨받아 수험생 312명의 성적을 모두 무효 처리하는 참담한 결과를 가져왔다. 결과 만능주의에 찌든 한국 사회의 자화상을 적나라하게 보여준 것이었다. 단 한 번의 시험으로 미래가 결정된다는 인식이 퍼져 있는 사회에서는 결과 지상주의가 팽배할 수밖에 없다.

인터넷 취업 포털사이트가 대학생을 상대로 실시한 설문조사에서 응답자의 79.2퍼센트가 부정행위 경험이 있다고 대답했고, 71퍼센트는 부정행위에 대해 대학생활의 낭만으로 생각한다고 답했다.

이러한 결과 지상주의는 교육 · 정치 · 선거 · 스포츠 · 경제 등 우리 사회 전반에 걸쳐 만연되어 있다. 결과 지상주의가 진정 무서운 이유는 일이 이루어지기까지의 과정에 대해 정당한 평가나 가치 부여가 이루어지지 않는다는 점이다. 스탠퍼드 대학교의 캐롤 드웩 교수의 연구에 따르면 '머리가 좋다' '똑똑하다' 등 결과 위주로 칭찬해준 어린이들은 새로운 과제에 도전하여 배우기보다 점수만 잘 따기 위해 쉬운 문제만 선택하려는 경향을 보였다. 반면 '차분히 잘하고 있다' '열심히 노력한다' 등 아이가 노력하는 과정을 칭찬해주었더니 어려운 문제도 도전하여 배우려 한다는 사실을 발견했다.

칭찬은 고래도 춤추게 한다는 말이 있다. 가장 중요한 것은 책임을 다하는 의식과 정직하게 노력하는 자세를 체득하도록 가르치는 것이다. 진정한 소통을 원한다면 말에 칭찬을 첨가하길 바란다.

상대의 체면을
살려주어라

신기한 책략은 천문을 꿰뚫었고
기묘한 계책은 지리에 통달했네.
싸움에 이겨 공이 이미 높으니
족함을 알아서 중지하기 바라오.
神策究天文
妙算窮地理
戰勝功旣高
知足願云止

　을지문덕의 〈여수장우중문시(수나라 장군 우중문에게 보내는 시)〉다.
수나라 장군 우중문은 을지문덕과 맞붙어 연전연패를 당했다. 사나
이 체면에 물러가지도 못하고 기회만 엿보는 그에게 시 한 수를 보

낸다. 장수에게 목숨보다 중요한 것이 체면이라는 것을 알고 있었기 때문이다.

삼국시대의 유비는 상대의 체면을 살려주어 마음을 사로잡는 데 능했다.

적군 장수가 사로잡혀 꽁꽁 묶인 상태로 꿇어앉아 있다. 장수로서는 치욕스러운 상황이 아닐 수 없다. 그때 유비가 나타난다. 깜짝 놀란 얼굴로 뛰어가서는 손수 포박을 풀어준다. 그러고는 병사들을 야단친다.

"어허, 내가 장군을 모셔오라 했지, 어찌 포박해 오라 했느냐!"

패장의 마음은 복잡하다. 비굴하게 애원하면 목숨은 건질지 모르지만 체면이 손상된다. 그렇다고 죽음을 택하면 체면은 살지만 목숨이 아깝다. 이러한 갈등 상황을 동시에 해결해주는 화술의 소유자가 유비다. 목숨도 살려주고 체면도 살려준 유비에게 패장들은 기꺼이 항복하고 충성을 맹세한다.

우리나라라고 예외는 아니다. '양반은 얼어 죽어도 짚불은 안 쬔다' '선비는 물에 빠져도 개헤엄은 안 친다' 등의 속담에서 시작하여 우리가 살아가면서 입버릇처럼 사용하는 말들 중 하나가 '체면'이다. 그만큼 우리나라 사람들이 체면에 대하여 강한 애착을 가지고 있다는 사실을 반영하는 것이라 하겠다.

한 거리에 두 개의 식당이 나란히 붙어 있었다. 한 집은 갈수록

손님이 느는데, 다른 한 집은 재료의 질도 좋고 자리도 좋은데도 손님이 자꾸 줄어들었다.

대박 식당의 주인은 손님을 이렇게 대했다.

"사장님, 국이 좀 짜네요."

"국이 짭니까? 죄송합니다. 싱겁게 먹어야 몸에 좋은데 우리 실수입니다."

"게장이 좀 맵군요."

"매우세요? 미안합니다. 너무 매우면 위에 안 좋은데 고춧가루 양에 착오가 있었습니다."

바로 옆 쪽박 식당에도 손님이 들었다.

"국이 좀 짜네요."

"짜다는 손님 별로 없었는데. 야, 주방장! 국 짜단 분 있었냐? 거 봐요, 없었다잖아요. 손님 입맛이 이상하시네."

"게장이 좀 맵군요."

"남자분이 이 정도 매운 걸 못 드세요? 아니, 어린애도 아니고…… 허허 거참 입맛 이상하네."

고객의 체면을 무너뜨린 결과 자신의 식당도 무너진 꼴이다. 체면이 깎이는 곳에 가려는 사람은 없다. 반대로 체면을 살려주면 그에 대한 보답을 하는 심리가 작동한다. 실수나 약점을 빌미로 상대를 무안하게 만든다면 의욕을 상실한 상대는 협상에 건성으로 임하거나, 적대감을 가질 수 있다. 최소한의 체면을 살려 억울하다는 생각이 들지 않도록 해야 한다.

고객의 불만을 접했을 때는 우선 고객의 체면을 유지시켜주고, 협상 결과 고객의 의견이 옳은 것처럼 보이게 만들어야 한다. 그래야 고객과의 소통이 이루어지는 것이다. 그러다 보면 매출이 올라가는 건 당연한 코스 아니겠는가.

유머 스피치가
성공을 부른다

미국의 영화배우 해리슨 포드가 골든 글로브상을 받으면서 한 말이다.

"저는 수상 연설을 두 개 준비했습니다. 짧은 것과 긴 것, 그중 짧은 연설을 하겠습니다. '감사합니다' 아, 그런데 시간이 좀 있는 것 같군요. 긴 것도 하죠. '대단히 감사합니다'."

이것으로 끝이다. 뭔가 아쉬운가? 아쉬울 것 없다. 완벽한 스피치다. 최대한 짧게 하여 시간을 청중에게 돌려주었다. 그 와중에 유머를 했고 웃음을 선사했다. 감사함을 두 번이나 표현했다. 가장 짧은 연설이면서도, 가장 유머 있으며 감동적이다. 좋은 스피치에 필요한 SCI 원리가 있다. 'short' 'change' 'interest'. 짧고, 변화무쌍하게 그리고 재미있게.

스피치는 어렵다. 여유 있게 하고 싶지만 긴장이란 놈이 찾아와 머릿속을 흐트려놓는다. 수많은 눈들(청중×둘), 플래시 세례, 간혹 청중의 우호적이지 않은 태도까지……

'무슨 말을 하는지 일단 들어보자고.'

'자식, 허튼소리 하면 야유나 보내야지.'

대부분의 청중은 그리 호의적이지 않다. 게다가 사람들 앞에 서면 누구나 긴장을 하게 된다. 리더들은 청중 앞에서 스피치할 기회가 많다. 하지만 리더라고 해서 스피치가 쉬운 것은 아니다. 명연설가로 알려진 영국의 처칠조차도 젊었을 때 긴장한 나머지 암기했던 것을 몽땅 잊어버려 청중 앞에서 큰 곤혹을 치른 일이 있었다고 한다.

스피치를 잘하기 위해서는 우선 전달해야 할 내용에 대해 완벽하게 숙지해야 한다. 그리고 처음 시작할 때 청중의 마음을 얻는 것이 중요하다. 고정관념이 있으면 스피치를 망친다. 사람마다, 청중마다 다양한 상황이 연출되기 때문이다. 그러므로 매 순간 열린 사고를 가져야 한다.

이러한 수많은 장벽을 극복하기 위해 당신이라면 무얼 준비하겠는가? 나는 단연 유머를 권한다. 웃기는 게 최고다. 일단 한 번 웃고 나면 청중은 당신에게 마음을 연다. 유머는 냉랭함을 녹이는 따뜻한 성질, 완고함을 풀어주는 부드러운 성질을 가지고 있다. 한 번 웃기면 청중의 생각이 이렇게 바뀐다.

● 연사의 발음이 분명하면 → 역시 무대에 서는 사람이라 발음이

분명하군.

- 발음이 시원찮으면 → 발음이 너무 분명하면 잘난 체하는 것
  같아. 저 사람 소박하군.
- 당신이 젊으면 → 젊은 사람이라 소신도 분명하겠군.
- 노인이면 → 연륜이 대단한 것 같아.

일단 마이크를 잡고 1분 내에 웃기는 걸 목표로 하라. 어떤 부분
에서 웃기면 좋을까?
　우선 스피치의 구조를 알아보자.

1 인사
　"안녕하세요, 총무팀 이철 부장입니다."
2 주제문
　"오늘은 고유가 시대에 우리 회사 에너지 절약 대책에 대해 말
　씀드리겠습니다."
3 본론
　"세 가지 말씀을 드리지요. 첫째…… 둘째…… 셋째……."
4 결론
　"이런 방법으로 위기를 극복합시다."
5 마무리 인사
　"감사합니다."

구조를 보면 알겠지만 본론 부분이라면 너무 늦다. 인사 단계나

늦어도 주제문 단계에서 웃길 필요가 있다.

1 인사 단계에서 웃기기

"안녕하세요, 총무팀 이철 부장입니다. 아시다시피 전 이름도 두 자뿐입니다. 이름부터 절약을 실천하고 있습니다."

2 주제문에서 웃기기

"오늘은 고유가 시대에 우리 회사 에너지 절약 대책에 대해 말씀드리겠습니다. 잘 안 들린다고요? 목소리부터 절약하는 중입니다."

컨디션이 안 좋아 특히 무대에 서기 어려운 날이 있다. 몸이 무겁고 머릿속이 복잡하다. 청중과의 교감이 잘 안 이루어진다. 이럴 때도 유머가 직방이다. 유머를 통해 오랫동안 기억에 남는 스피치를 함으로써 자기 이미지의 부가가치를 높일 수 있다면 성공을 가져올 수 있다.

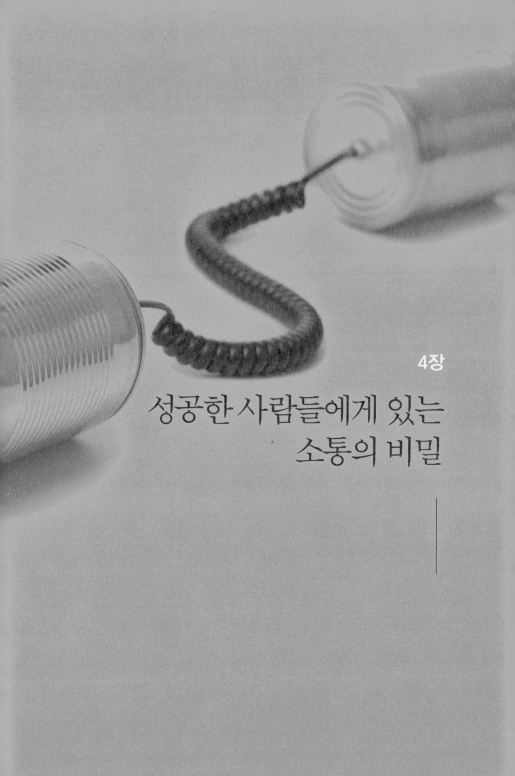

4장

성공한 사람들에게 있는
소통의 비밀

힘을
불어넣어라

동생 정세영이 대학 입시에 떨어진 것 같다고 낙심하자 형인 정주영이 용기를 불어넣었다.

"나도 들어갔는데 네가 못 들어가겠니?"

머리 좋기로 소문 난 정세영은 정씨 집안의 자랑거리였다. 반면 정주영은 가방끈은 짧아도 소문난 파워맨이 아니던가. 시무룩해 있는 동생에게 전매특허인 배짱 유머를 이용해 꽉꽉 힘을 불어넣었다. 당시 정주영은 고려대학교 캠퍼스 공사를 따내 공사 현장에 들어간 것이었다. 일을 하러 들어가나 학생으로 들어가나 '들어가기'는 매한가지였다.

정주영 회장에게 젊은 기자가 물었다.

"회장님 어떻게 이 많은 직원들을 먹여 살리십니까? 회장님만의 비결이 궁금합니다."

"비결을 알고 싶나?"

"네, 물론입니다."

"사실은 내가 먹여 살리는 게 아니라네."

"네?"

"우리 직원들이 날 먹여 살리는 거야."

유머가 활력을 만든다는 사실을 이미 많은 사람들이 알고 있다. 내게 우리 조상들의 유머를 가르쳐주신 은사가 있다. 학창 시절 우리 캠퍼스엔 유명 교수 네 분이 있었다. 은퇴 교수였던 김형석 교수, 나비 넥타이 김동길 교수, 교육계 스타 이성호 교수 그리고 《나는 야한 여자가 좋다》《가자, 장미여관》의 저자 마광수 교수.

마광수 교수는 약간 독특했다. 다른 교수들은 주로 건전한 이야기를 하다가 어쩌다 야한 이야기를 해서 야한 이야기만 오랫동안 기억이 난다. 반면 마광수 교수는 매일 야한 이야기를 하였기에 어쩌다 건전한 이야기를 해서 그 건전한 이야기가 지금도 기억난다. 그래서 더 신뢰가 간다고나 할까.

"우리 조상들은 열악한 환경에서 농사의 활력을 얻기 위해 다양한 유머를 만들어냈다."

민요, 사설시조, 다양한 형태의 설화 등 우리나라 고전문학을 보면 쉽게 발견할 수 있는 해학체는 힘들고 고달픈 삶을 가볍고 악의 없는 웃음을 통해 극복하고자 했던 우리 조상들의 지혜가 돋보이는

문체이다. 해학체에서는 대상에 대한 호감과 연민을 웃음과 익살로 풀어놓았다. 그러면서 인생을 낙관적으로 바라본다. 외세의 침략과 내란이 많았던 시대 상황에서 우리 민족은 우스꽝스러움, 익살, 무해한 웃음, 공격성을 띠지 않은 웃음으로 스스로를 치유해나갔던 것이다.

2002년 노벨경제학상을 수상한 미국 심리학자 대니얼 카너먼은 행복한 국민이 국민경제를 성공으로 이끈다는 의견을 내세웠다. 경제의 성공이 국민들을 행복하게 만드는 것이 아니라, 행복한 국민이 경제를 성공시킨다는 것이다. 그렇다면 지금이야말로 명랑하고 낙천적인 국민이 필요한 시점이다.

"텔레비전 보면 웃을 일 많은데?"

물론 지금은 개그 프로그램 전성시대다. 우리에게 웃음을 주는 프로그램은 넘친다. 그럼에도 우리는 행복하다고 느끼지 않는다. 인스턴트 음식이 영양에 한계가 있듯 텔레비전이 주는 인스턴트 웃음은 진정한 충족감을 주지 못한다.

영양가 있는 웃음은 가정에서, 직장에서 제대로 웃는 것이다. 얼굴과 얼굴을 마주 보고 환하게 웃는 것이다. 마음으로, 온몸으로 웃는 웃음이 인생에 활력을 불어넣는다. 삶을 변화시키는 것은 작은 것에서 시작된다. 그중 가장 쉽게 실천할 수 있는 것이 웃음이다. 웃으면 기분이 좋아지고 표정도 밝아진다. 크게 웃으면 신체의 긴장이 풀려 혈액순환이 잘 되고 항체와 면역기능이 강화된다고 한다. 돈이나 시간이 들지 않으면서 건강을 얻고 성공으로 가는 출발

점인 것이다.

정주영 회장이 조선소를 짓기 위해 서양의 채권단을 만났을 때 그들은 "일본이면 몰라도 한국 같은 후진국이 배를 잘 만들 수 있을지 영……" 하며 탐탁지 않은 반응을 보였다. 그러자 정주영은 거북선이 그려진 한국 지폐를 꺼내 보이며 "이미 400년 전에 이 거북선이 일본을 이겼소이다"라고 말했다.

콧대 높은 서양 채권단은 정주영 회장의 유머에 폭소를 터뜨리며 돈을 빌려줬고, 그 결과 수십 년이 흐른 지금 우리나라는 조선 강국이 됐다.

유머는 단순히 웃기는 기술이 아니라 나와 상대의 기분을 좋게 만드는 기술이다. 웃음이란 결국 서로에 대한 호감에서 비롯되는 감정 표현이기 때문이다. 상대방에게 즐거움을 주고, 유쾌하게 웃는 가운데 상대방의 마음을 움직이게 하는 유머의 진가를 정주영은 알고 있었던 것이다.

배짱으로
산다

긴급한 상황에서도 여유 있는 웃음을 통해 국민들의 지지를 받는 인물로는 단연 미국의 로널드 레이건 전 대통령을 꼽는다. 1981년 한 호텔 앞에서 존 힝클리라는 청년으로부터 저격을 받고 중상을 입었을 때 미국은 상심과 불안에 휩싸였다. 그러나 정작 당사자인 레이건은 극심한 고통 속에서도 여유를 잃지 않았으며, 오히려 특유의 유머로 의료진과 측근들의 긴장을 풀어주었다.

레이건이 병원의 수술대에 누워 있을 때 주변에 젊은 간호사들이 여럿 모였다. 레이건이 그들을 향해 윙크를 날리며 짓궂은 표정으로 말했다.

"낸시(영부인)는 내가 이러는 걸 알고 있을까?"

마침내 수술이 무사히 끝났고 레이건은 다시 의식을 회복했다. 측근들이 근심스런 표정으로 다가오자 레이건은 아쉽다는 표정을

지으며 이런 첫마디를 내뱉었다.

"할리우드에서 이렇게 저격당할 정도로 주목을 끌었다면 절대 영화배우를 그만두지 않았을 텐데 말이야……."

일흔이 넘은 고령에다 저격까지 당한 설상가상의 상황. 그때 그가 선택한 건 좌절이나 비관이 아닌 유머였다. 쉴 새 없이 쏟아져 나온 레이건의 병상 유머들은 불안에 빠졌던 국민들을 안심시켰을 뿐만 아니라 국제 사회에도 '미국은 끄떡없다'는 메시지를 전하는 데 효과적이었다.

위기의 상황을 맞더라도 배짱과 자신감이 있는 사람에게서는 유머가 나온다. 배짱의 반대 개념은 소심, 비겁, 자기 연민, 걱정 근심, 불안, 우울 등이다. 지도자가 자기 연민에 빠져 약한 모습을 보인다면 그 조직은 위태로울 수밖에 없다.

"불행이 왔을 때 무지한 사람은 남을 탓한다. 교육받은 사람은 자신을 탓한다. 완벽한 사람은 아무도 탓하지 않는다."

고대 그리스 철학자 에픽테토스가 한 말이다. 에픽테토스의 이론을 레이건 저격 사건에 대입해보자.

레이건이 무지한 사람이었다면 남 탓을 했을 것이다.

"천하의 나쁜 놈! 어디 대통령한테 총질이야! 그런 인간으로 키운 부모도 똑같아. 그리고 경호실장 당장 사임시켜!"

레이건이 단순한 책상물림이었다면 자신을 탓했을 것이다.

"흑흑, 나이 먹은 것도 서러운데 이런 일까지 당하다니…… 정말 대통령 노릇하기 힘드네……."

그러나 그는 완벽 리더였다. 배짱이 넘치는 낙천적인 사람이었다. 몇 마디의 유머와 웃음만으로 미국을 비롯한 전 세계에 위기에도 흔들리지 않는 지도자라는 강한 인상을 남겼다.

부정적인 사람들은 왜곡이란 안경을 끼고 세상을 바라본다. 그들은 작은 실패에도 마치 인생의 사형선고나 받은 것처럼 절망한다. 그런 사람들에게 발전은 없다.

있는 그대로 세상을 바라보라. 그리고 명쾌하게 생각하라. 누구에게든 무한한 가능성과 능력이 잠재되어 있다. 작은 불행에 좌절하지 말고 그 속에서도 가능성을 찾는 배짱이야말로 당신의 길을 가는 데 도움이 될 것이다.

부하의 허물을
감싸라

　중국 춘추전국시대 초나라 장왕이 반란을 평정하고 돌아온 후 여러 신하들을 초대해 연회를 베풀었다. 저녁이 되어도 흥이 다하지 않자 장왕은 불을 밝히고 애첩 허희를 시켜 신하들에게 술을 돌리게 했다. 그런데 갑자기 광풍이 불어와 연회석을 밝히던 촛불이 일시에 꺼져버렸다. 그 사이 한 사람이 허희에게 입을 맞추었다. 허희는 깜짝 놀라 그 사람의 관끈을 잡아당겨 끊어버렸다. 허희는 서둘러 장왕 앞으로 달려가 조용히 고했다.

　"한 사람이 무엄하게도 어두워진 것을 틈타 소첩의 입술을 범했습니다. 제가 그자의 관끈을 잡아당겨 끊어 왔으니 빨리 불을 밝혀 그 무례한 자를 찾아주십시오."

　그러나 장왕은 다음과 같이 명했다.

　"경들은 모두 관끈을 끊고 실컷 마시도록 하라. 관끈이 끊어지지 않은 자는 마음껏 즐기지 않는 자이다."

장왕은 신하들이 모두 관끈을 끊은 후에야 불을 밝히게 했다. 연회가 끝나 궁으로 돌아온 허희에게 장왕이 말했다.

"술에 취한 뒤의 헝클어진 행태는 인간의 본성이다. 만약 그자를 찾아내 벌을 가했다면 그대에게도 아름다울 것이 없고, 신하들에게도 즐거움을 주지 못할 것이 아닌가."

그 후, 장왕이 진나라와의 싸움에서 위기에 처했을 때마다 한 장수가 목숨을 내던지고 달려와 장왕을 구했다. 장왕이 의아하여 그 장수를 불렀다.

"과인이 덕이 없어 그동안 그대를 몰라보았네. 그대가 나를 위해 죽음을 무릅쓰고 나서는 까닭이 무엇인가?"

그러자 장수가 엎드려 대답했다.

"저는 3년 전에 마땅히 죽을 목숨이었습니다. 연회가 있던 날 술에 취해 그만 무례를 저질렀으나 왕께서는 이를 감추시고 제게 벌을 내리시지 않았습니다. 저는 늘 그 은혜를 갚는 것을 소원해왔습니다."

결정적 허물을 덮어준 부하 장수는 충성을 다했고 훗날 왕이 위기에 빠졌을 때 목숨을 구해주었다. 아랫사람에 대한 배려가 한 부하의 목숨을 살리고 충성을 얻어낸 것이다.

동창 모임에 갔는데 까마득한 후배가 맥주병을 잘못 건드리는 바람에 내 상의가 젖어버렸다. 하늘 같은 선배에게 맥주를 쏟았다고 사방에서 핀잔의 소리가 날아왔다. 후배는 전전긍긍 어쩔 줄 몰라 했다.

아무래도 내가 사태를 마무리 지어야 할 듯했다. 일단 인상을 있는 대로 쓰며 한마디 했다.

"너 지금 알고 그런 거냐, 모르고 그런 거냐?"

후배는 얼굴이 붉어져 당장이라도 울 것 같았다.

"너 만약 내일 엎질렀으면 혼났어! 내일은 새 양복 입을 계획이었거든. 하지만 지금 이 옷은 오늘 밤에 세탁소에 맡기려 한 건데, 그거 알고 한 거지?"

비난은 누구라도 한다. 하지만 감싸주는 것은 훈련이 필요하다. 유머는 충고나 훈계의 효과가 배가 되도록 만든다. 제자를 꾸짖다 비난의 부메랑을 맞고 쓰러진 쫀쫀한 스승의 안타까운 일화를 소개한다.

수학 시간에 선생님이 문제를 냈다.

선생님 : 일 더하기 일은 얼마지?

학생 : 잘 모르겠는데요.

선생님 : 넌 정말 밥통이구나. 이렇게 간단한 계산도 못 하다니…… 예를 들면, 너하고 나하고 합치면 얼마가 되느냔 말이다.

학생 : 그거야 쉽지요.

선생님 : 그래, 얼마니?

제자 : 밥통 두 개요.

스승과 제자는 볼트와 너트처럼, 책상과 의자처럼 패키지 관계가 아니던가? 제자가 밥통이면 스승도 밥통이요, 제자가 보석이라면 스승도 보석이 되는 게 관계의 원리이거늘 진리를 깨닫지 못하는 스승의 짧은 안목이 못내 아쉬울 따름이다.

사람을
섬겨라

한 고을의 수령이 정치가로서 성공하는 법을 배우고자 노자(老子)를 찾아갔다. 노자가 충고했다.

"아무개를 잘 받드시오."

그러자 수령이 어이없다는 듯 따졌다.

"그자는 저보다 낮은 사람입니다."

그러자 노자가 말했다.

"강과 호수가 바다에게 충성을 바치는 이유를 아시오? 바다가 낮은 곳에 있고자 하기 때문이오."

권위를 내세우던 리더들이 하인처럼 희생과 봉사를 아끼지 않는 서번트 리더들로 변화해가고 있다. 유명 전자기업의 대표가 직접 영업사원들의 발을 씻겨주며 직원을 섬기는 모습을 보여 화제를 모

은 적이 있다. 그동안 우리 사회의 리더십이라면 단연 보스 중심형 1인 지배 리더십이었다. 이들이 주로 하는 말은 이거였다.

"나를 따르라! 아니면 너 죽어!"

1인 지배형 리더십에는 확실히 장점이 있다. 빠른 시간에 다수를 자신의 뜻대로 이끌 수 있다.

부드러운 리더십을 이해 못 했던 장비는 부하들을 통제하기 위해 매질을 가했다. 유방과 천하를 다투었던 항우는 휘하 장병들의 의견을 듣기보다는 자신의 생각을 강요했다. 장비의 매질에 부하들은 일사불란하게 움직였다. 하지만 그들의 마음속에는 원한이 싹텄고, 장비는 어이없게도 적이 아니라 자기 부하에게 죽임을 당해서 결과적으로 유비의 몰락을 자초했다. 인물, 집안, 무예 등 모든 면에서 뛰어난 항우도 결국 부하들의 충성도에서 밀린 나머지 결국 유방에게 천하를 내주고 말았다.

지배형 리더십이 일사불란을 중시한다면, 섬기는 리더십에선 조직원 한 사람 한 사람이 소중하다. 지배형 리더십이 군중을 모아놓고 연설하는 식이라면, 섬기는 리더십은 개인 구성원의 말을 경청하고 그들의 생각과 성장에 관심을 갖는다. 그들은 수직적인 지시가 아닌 수평적 대화로 다가간다. 그리고 소수의 의견을 수렴한다. 느린 것 같아도 한 사람 한 사람을 존중하고 섬기는 방법이 세월이 흐른 후에 보면 가장 빠르다는 것을 알게 된 것이다.

그렇다면 이 시대에 왜 섬기는 리더십이 필요한가?

현대인은 그 무엇보다 '나의 말을 들어주는 사람'을 원하기 때문이다. 직원이나 가족이나 고객이나 다 마찬가지다. 자신의 이야기에 귀를 기울여주기를 바란다. 그래서 상대방이, 상사가, 기업이 나의 마음에 귀를 기울인다면 마음을 열고 충성을 다한다.

안개가 심하게 낀 밤, 조심스럽게 항해하던 전투함의 함장이 앞쪽에서 이상한 불빛을 감지했다. 함장은 충돌을 예상하고 신호를 보냈다.

"방향을 20도 바꾸시오!"

그러자 그쪽에서 신호가 왔다.

"당신들이 바꾸시오!"

기분이 상한 함장은 다시 신호를 보냈다.

"난 이 배의 함장이다!"

잠시 후 그쪽에서 다시 신호가 왔다.

"그래도 당신들이 바꾸시오!"

화가 난 함장은 강경한 태도를 보였다.

"이 배는 전투함이다. 당장 항로를 바꿔라!"

그러자 그쪽에서 바로 신호가 왔다.

"여긴 등대다!"

뛰어난 리더가 되려면 우선 다른 사람을 섬기는 법부터 배워야 한다. 낮은 자세로 다른 사람의 요구에 귀를 기울이다 보면 결국 모두를 이끄는 리더가 될 것이다.

위기에 처한
부하를 구하라

미국의 밴댄버그 장군이 사단장 시절의 일화다. 휘하 하사관 하나가 얼마 전 낙하산 사고로 동료를 잃은 후 정신적 충격에서 벗어나지 못하고 있었다. 장군은 일부러 그 하사관을 지목해서 말했다.

"오늘 신형 낙하산 시범을 보여야겠는데 자네가 해볼 텐가?"

"모…… 못 하겠습니다."

군대란 철저한 상명하복의 관계다. 더군다나 군인이 비겁한 모습을 보인다는 건 절대 용서받을 수 없는 일이다. 따라서 그곳에 있던 군인들은 모두 그 하사관이 처벌을 받게 될 것이라고 생각했다. 하지만 밴댄버그 장군은 웃으며 말했다.

"하하하, 이 친구가 내 마음을 눈치 챘군. 사실 오늘은 내가 점프할 생각이었거든."

밴댄버그 장군은 사관학교 시절 리더십 부족으로 낙제 위기까지 몰렸던 전력이 있다. 그런 그가 공군 참모총장에까지 오른 데는, 부하 위에 군림하는 것이 아니라 부하의 체면을 살려주고 부하를 위해 기꺼이 희생하는 것이 진정한 리더십임을 깨달은 덕이다.

유명한 곡예비행사인 밥 후버의 일화다. 전속 정비사의 정비 불량으로 그의 비행기가 추락할 뻔했다. 착륙 후 그는 웃으며 정비사에게 다가갔다.

"앞으로도 잘 부탁하네."

기자들이 의외라고 생각하여 물었다.

"왜 해고하지 않습니까?"

그러자 밥 후버가 말했다.

"저 친구는 일생에 많아야 한 번 실수를 할까 말까 하는 뛰어난 정비사입니다. 그런데 그 한 번의 실수를 해버렸으니 이젠 하지 않을 것 아닙니까."

아랫사람의 실수에 꼬장꼬장하게 정색하고 지적하면 주위에 사람이 안 모인다. 실수도 단점도 둥글게 보아주는 아량이 소통하는 리더의 비결이다.

어느 회사 영업회의에서 한 간부가 저조한 실적을 두고 직원들을 심하게 나무랐다.

"지금까지 여러분이 보여준 초라한 실적과 변명만으로도 충분합니다. 여러분이 이 일을 할 수 없다고 할지라도 우리 제품을 판매할 사람들은 얼마든지 있습니다. 지금도 기회만 닿으면 뛰어들 사람들이 줄을 섰어요!"

이어 그 간부는 자신의 말을 확인하려는 듯 축구선수 출신의 신입 사원에게 물었다.

"축구 경기에서 성적이 좋지 않을 때는 어떻게 합니까? 선수를 교체하지요?"

잠시 뒤 신입 사원이 입을 열었다.

"팀 전체에 문제가 있을 경우…… 보통 감독이나 코치를 갈아치웁니다."

최근 인재 확보 못지않게 인재 유지가 기업의 화두가 되고 있다. 인재를 유지하는 데는 회사의 보상이나 합리적 제도와 함께 상사의 역할이 중요하다고 한다. 그러므로 인재를 잃지 않기 위해서는 부하직원을 아랫사람이 아닌 동료로 여기는 자세가 필요하다. 공동의 목표를 향해 나아가는 파트너십을 가진 관계이다. 부하 직원을 파트너로 인식하고 존중할 때 일에 대한 책임감을 갖게 되고 업무의 성과를 높일 수 있다.

리더십은 본인이 만드는 것이 아니라 구성원들의 노력과 땀으로 어떤 일을 해냈을 때 비로소 사람들은 그를 보고 리더십이 좋은 사람이라고 말하는 것이다.

이해하고
용서하라

로마 황제 율리우스 카이사르의 이야기다.

하루는 전투에 겁을 먹은 병사가 뒤쪽으로 도망치려다가 발각되어 끌려 나왔다. 자신이 처형될 것이라 여겼는지 병사는 공포에 질려 있었다. 카이사르는 온화한 얼굴로 병사에게 말했다.

"제군, 적은 그 방향이 아니라 저 방향에 있네."

황제의 너그러운 용서에 감복한 병사들은 충성을 다했고 마침내 그는 초대 황제의 면류관을 쓸 수 있었다. 《로마인 이야기》를 쓴 시오노 나나미는 로마 최고의 리더로 카이사르를 꼽는다. 로마 지도자 30여 명의 자질을 지적 능력, 설득력, 육체적 내구력, 자기 제어능력, 지속하려는 의지 등 다섯 개 항목으로 나눠 평가하면서, 카이사르에게는 모든 항목에 만점을 줬을 정도다. 그는 칼로는 결코 사

람의 마음을 얻을 수 없다고 말했다.

"잔인한 행동은 필연적으로 증오를 낳으며 승리를 유지할 수 없게 한다는 사실을 이미 여러 사람이 보여주었다. 우리는 자비와 관용을 통해 강해질 것이다. 이것이 새로운 방식의 정복이다."

초보 이발사가 이발을 하다가 실수로 손님의 목에 두 번이나 상처를 내고 말았다.

손님 : 이보시오. 물 한 잔만 주시오.

이발사 : 손님 입으로 머리카락이 들어갔나요?

손님 : 아니오. 내 목이 새는지 알고 싶어서 그러오.

칭찬과 함께 용서도 대표적인 가슴 화법이다. 가슴이 열리는 순간 진정한 소통이 이루어지고, 조직은 한 마음을 가진 동일한 인격체[一心同體]가 된다.

소통이 이뤄지기 위해서는 상대방을 이해하려는 관용의 리더십이 필요하다. 관용은 우격다짐이나 밀어붙임이 아닌 너그러움과 끌어안기이다. 역사적으로 성공한 지도자들을 보면 관용의 리더십을 발휘했다. 미국의 루스벨트 대통령은 고집스럽고 독선적인 성격이 강했지만 국가 정책을 추진하는 과정에서는 너그럽고 끌어안는 지도자의 모습을 보였다. 처칠, 레이건과 같은 지도자도 유머와 진솔한 대화를 통해 관용적인 모습을 연출했다.

소통이 제대로 이루어지기 위해 가장 필요한 것은 마음의 움직임, 즉 감동이다. 감동이 오가면 마음의 문은 저절로 열린다.

팀워크에
집중하라

세종의 명으로 박이창이 신동으로 소문 난 어린 김시습의 글재주를 시험하게 되었다.

"내가 시 한 수를 지을 테니 네가 대구를 지어보거라. 어린아이의 공부가 마치 백학이 푸른 하늘 끄트머리를 나는 것과 같도다(童子之學 白鶴舞靑空之末)."

그러자 어린 김시습의 입에서 다음과 같은 구절이 나왔다.

"어진 임금의 덕이 마치 황룡이 푸른 바다 한가운데를 나는 것과 같도다(聖王之德 黃龍飜碧海之中)."

얼마 전 〈뉴욕타임스〉에서는 급변하는 기업 환경의 요구에 발맞춰 기업의 리더도 진화하고 있으며, 거대 기업제국의 비전과 세심한 팀워크 리더십을 동시에 갖춘 'CEO 3.0 시대'가 오고 있다고 보도했다.

한국 과학사의 황금기로 불리는 세종대왕 시대에도 백성들을 잘 살게 하기 위해 드림팀이 구성되었다. 세종대왕은 그 자신의 능력도 뛰어났지만 나라의 인재를 최대한 활용하여 조선시대 정치와 문화를 정비한 군주였다. 황희와 같은 명재상, 북방을 개척한 김종서, 집현전의 성삼문과 신숙주, 음악가 박연, 천민 출신의 과학자 장영실까지 세종대왕 시대에 배출된 인재의 면면은 우리 역사에서 가히 '드림팀'이라고 부를 만하다. 집현전의 어린 김시습도 이 팀의 유소년 프로젝트에서 길러낸 꿈나무였다.

세종대왕은 팀리더십을 추구했다. 자신의 독단대로 결정하기보다는 신하들을 철저히 믿고 확실하게 맡겼다. 당대 최상급의 금속활자와 시계 제작, 세계 최초의 우량계 발명은 모두 효과적인 팀워크의 결과였다.

팀워크의 원리는 간단하다. 개인보다 팀의 이익을 우선하는 것이다. 개인의 비전보다 팀의 비전을 먼저 앞세우는 사람은 결국 자신의 비전을 이루게 된다.

2002년 월드컵의 영웅 히딩크 감독은 변방의 축구 한국을 월드컵 4강국으로 만들었다. 여기서도 팀워크가 가장 중요한 전략이었다.

"1 대 1이라면 우린 안 된다. 그런데 11 대 11이라면 한번 해볼 만하다."

기업은 인재 발굴을 위해 성과주의 시스템을 도입하였으나 팀워크가 사라지는 단점이 발생했다. 따라서 이를 극복하기 위해 목표 달성 과정에서 시너지가 극대화되도록 팀워크를 향상시킬 수 있는 리더십이 각광받고 있다. 긍정적이고 도전적인 분위기를 유지해나가면서, 구성원들 스스로 자발적인 리더십을 발휘하도록 이끄는 것이다.

한 부부가 나란히 외출했다. 한참을 가다가 아내가 외쳤다.
아내 : 어머! 다리미 코드를 안 뽑고 나온 것 같아요. 불이 나면 어쩌죠?
남편 : 걱정 마. 나는 수도꼭지를 안 잠갔어.

가정, 학교, 회사…… 하나하나의 조직은 일종의 생명체요 인격체다. 조직엔 철학이 있고 비전이 있다. 조직 구성원이 함께 일한다는 느낌을 갖게 하는 사람이 새 시대의 리더가 될 것이다.

화를
다스려라

링컨에게 기자가 물었다.

"대통령께서는 화를 잘 다스리시네요?"

"난 화를 잘 다스리진 못하기에 비난의 편지를 쓴다오."

"이상하군요. 참모들이 대통령의 편지를 보고 모두 감동받았다는데요?"

"매일 비난 편지를 쓴답니다. 하지만 부치진 않아요."

미국은 역사상 최고의 내전인 남북전쟁에서 수많은 인명 피해를 겪었다. 링컨에게도 연속적으로 어려움이 몰려왔다. 그러나 그에게는 숱한 분노와 스트레스를 이겨내는 방법이 있었다.

화(火)는 불이다. 내뱉으면 상대가 타고, 간직하면 내가 타는 것이다. 내뱉되 전달은 하지 않는 지혜. 이것으로 자신의 화도 다스리

고, 상대의 마음도 상하게 하지 않았다.

그렇다면 화는 어떤 행태를 보일까?

1 화는 놔두면 점점 커진다.

결혼 1년차에는 남편이 말하고 아내가 듣는다.

2년차에는 아내가 말하고 남편이 듣는다.

3년차부터는 남편과 아내 모두 말하고 이웃이 듣는다.

2 화는 어디로 튈지 모른다.

남편이 아내에게 화를 낸다.

아내는 아이를 쥐어박는다.

아이는 개의 배를 찬다.

개는 남편을 문다.

3 화는 심각한 상처를 남긴다.

우울증, 피해의식, 노이로제, 정서불안, 폭식, 변비, 울렁증, 안
면 홍조, 소화불량…….

불을 다스리는 건 물〔水〕이다. 물의 원리를 이용해 인간관계에서
후유증 없이 단계적으로 화를 푸는 방법을 소개한다. 상대를 비난
하기 전 우선 할 일이 있다. 세수를 하거나 찬물을 한 잔 마셔라. 심
호흡도 열을 식히는 역할을 한다.

1 속으로 푼다.

   조그만 소리로 욕하기, 바닷가 가서 소리치기, 큰 소리로 노래 부르기, 무작정 걷기, 정신없이 달리기…….

2 상대방을 칭찬한 후 불만을 말한다.

   "내 자네한테 항상 고맙게 생각하지. 이런 점 저런 점 등등 말이야. 하지만 이번 건은 너무 섭섭해……."

3 상대방의 장점을 미리 생각한다.

   상대방을 만나 불만을 실컷 터뜨려라. 다 말했으면 그때 상대방을 칭찬한다. "자네한테 섭섭한 거 다 말하니 속이 후련하구먼. 하지만 자네 장점이 더 많으니 도대체 원."

   다산 정약용이 시골에 내려와 지낼 때다. 친지들과 정자에 모여 술잔을 기울이는데 술이 거나하게 취한 한 사람이 한탄했다.

   "누구는 부끄러운 줄 모르고 권세와 명예를 거머쥐었으니 분통 터질 일이야!"

   다산은 벌떡 일어나 상대에게 술을 권했다.

   "사람은 품평할 수 있는 것이 아니기 때문에 벌주를 드려야겠네."

   얼마 지나자 어떤 이가 묶어둔 말을 보며 혀를 찼다.

   "저 말은 짐도 지지 못하면서 꼴만 축내는구먼."

   다산은 또 일어서서 그에게 벌주를 주었다.

   "말도 사람 말을 알아듣는 법일세."

그러자 사람들이 "이 정자에서는 놀기가 참 힘드네. 입을 꿰매야겠어" 하고 핀잔을 주자 다산은 웃으며 말했다

"하루 종일 품평해도 화낼 줄 모르는 것이 있네. 저 소나무 아래 바위를 보게나. 바위가 없었더라면 이 멋스러움은 아마 없었을 것이야."

"화낼 줄 모르기 때문에 바위에 대해서는 자유롭게 품평할 수 있다는 말인가?"

다산이 대답했다.

"나는 바위에게 창찬만 했지 모욕은 준 적 없네."

그 후 이 정자는 '바위마저도 칭찬해야 한다'라는 의미의 '품석정' 이라는 이름을 얻었다

누군가로부터 좋지 않은 평가를 받는 것만큼 사람의 마음을 해치는 일은 없다. 몇 년 전에 집을 나간 주부들에 대한 연구가 있었는데 가출의 가장 큰 이유는 바로 칭찬의 부족이었다.

진심으로 찬사를 보내고 아낌없이 칭찬하면 사람들은 당신의 말을 마음속 깊이 간직할 것이다.

솔선수범이
신뢰를 부른다

한 어머니가 아들을 데리고 간디를 찾아왔다.

"선생님, 제 아들이 사탕을 너무 좋아해요. 사탕을 먹지 않도록 충고를 좀 해주세요. 아마 선생님 말씀은 귀담아들을 거예요."

간디는 어머니와 소년의 얼굴을 보며 말했다.

"보름 후에 다시 찾아오세요. 그때 말씀드리지요."

보름 후 어머니는 아들을 데리고 간디를 다시 찾았다. 간디는 소년의 눈높이에 맞춰 무릎을 꿇은 후 말했다.

"얘야, 사탕을 먹지 말아라. 건강에 좋지 않단다."

소년은 고개를 끄덕였다. 어머니는 간디에게 고마움을 표한 후 물었다.

"선생님, 왜 보름 전에 이 말씀을 해주지 않았습니까?"

간디가 웃으면서 대답했다.

"그때는 저도 사탕을 먹고 있었답니다."

솔선은 '남보다 앞장서다'라는 뜻이고 수범은 '모범을 보이다'라는 의미이다. 말 그대로 남보다 앞장서서 모범을 보이는 일이 솔선수범이다. 자기가 하고 싶지 않은 일을 남에게 시키지 않을 뿐 아니라 남이 하기 싫어하는 일을 자기가 하는 것이다.

나는 부하들이나 백성을 위해 나 자신을 버리면서 내가 할 일을 분명하게 수행하고자 한다. 모든 사람들이 나의 행동을 보고 무엇을 해야 할지를 스스로 알아서 하기를 바란다. 무엇보다도 나는 위기에 빠진 조국을 구해야 한다는 목표를 부하들과 공유하고 승리할 수 있다는 확신을 가지고 있다. — 이순신 장군

실을 책상 위에 갖다 놓고 한번 당겨보게. 그러면 실이 당겨져서 팽팽해지지 않는가? 그럼 이번엔 이걸 한번 밀어보게. 아무리 해도 실이 밀리지 않는 걸 볼 수 있겠지. 리더십이란 이처럼 자기가 앞장서서 솔선수범하고 자기희생을 하는 데서 나온다는 것을 알 수 있지 않겠는가? — 아이젠하워 전 미국 대통령

감독은 지시가 아니라 먼저 뛰는 동료입니다. 선수들에게만 열심히 뛰도록 강요하기 이전에 감독이 선수보다 먼저, 더 많이 뛰는 모습을 보여주며 지시자가 아닌 동료로서의 모습이 되어야 합니다.
— 히딩크 전 축구대표팀 감독

슈바이처 박사는 "모범을 보이는 것은 다른 사람에게 영향을 미치는 가장 좋은 방법이 아니다. 그것은 유일한 방법이다"라고 말했다. '내가 윗사람이니까' '네가 나보다 어리니까'라는 생각을 버려야 한다. 카이스트의 안철수 교수는 한 텔레비전 프로그램에 나와서 "아이들에게 공부하라고 말하기는 쉽습니다. 그런데 말만 해서는 잘 듣지 않아요. 아이들을 공부하게 만들려면 부모가 공부하면 됩니다"라고 말하기도 했다.

대대로 도둑 집안의 자손인 영철이가 학교에서 겨울철 안전관리 교육을 받고 있었다. 선생님은 난로 위에 놓여 있는 주전자를 가리키며 말했다.

"자, 여러분! 왜 이런 주전자나 난로 같은 것을 맨손으로 만지면 안 되는지 아는 사람?"

그러자 영철이가 번쩍 손을 들어 또박또박 말했다.

"예, 그건 지문이 남기 때문입니다!"

아이들은 부모의 뒷모습을 보며 자란다는 말이 있다. 독서하지 않는 부모가 허구한 날 잔소리해 봤자 아이들이 책을 볼 리 없다. 회사에서도 마찬가지. 사장이 솔선수범하지 않으면 우이독경이다. 열 마디 잔소리보다 한 가지 행동의 변화가 더 큰 효과를 가져온다는 것을 잊지 말자.

지금 여기서
행복하라

"안녕하세요. 아트 부크월드입니다. 제가 조금 전에 사망했습니다."

2007년 1월 18일 〈뉴욕타임스〉 인터넷판에 올라온 그의 부고 동영상 내용이다. '워싱턴의 휴머니스트'라 불렸던 아트 부크월드는 자신이 죽기 전에 부고 동영상을 제작했다.

그는 81세로 생을 마감하는 순간까지 유머를 놓지 않았다. 그는 40년 넘게 미국 대통령을 포함해 워싱턴 정가의 엘리트 계층을 풍자한 칼럼으로 인기를 끌었다. 그의 칼럼은 전 세계 500여 개 신문에 실렸으며, 1982년 논평 부문 퓰리처 상을 수상하기도 했다.

당뇨병이 악화돼 한쪽 다리를 절단한 그는 신장투석도 거부한 채 칼럼을 썼다. 워싱턴의 호스피스 시설에서 죽음을 맞는 과정을 특유의 유머러스한 필체로 묘사하며 낙관적인 자세와 의연함을 과시

하기도 했다.

"신장투석을 중단했을 당시에는 의사가 2, 3주도 버티지 못할 것이라고 했는데 5개월이 지나도 계속 살아남았다. 살기 위해 필요한 건 버리고 죽기 위해 필요한 건 다 구입했는데, 새로운 일이 많이 생겨 당황스럽다. 아침마다 면도도 해야 하고, 휴대전화도 괜찮은 신제품을 추가 구입했고, 유언장도 전혀 새로운 내용으로 준비했다. 장례 계획도 처음부터 다시 짜야 했다."

이처럼 해학이 넘친 부크월드의 어린 시절은 불우했다. 1925년 뉴욕 주에서 태어난 그는 보육원에서 어린 시절을 보냈다. 어머니는 평생을 정신병원에서 지냈고, 아버지마저 사업에 실패해서 자식을 돌볼 수 없었기 때문이다. 부크월드는 회고록에서 "우울증을 심하게 앓은 적이 두 차례 있었으며, 자살 충동을 느낀 적도 있었다"고 고백했다. 그는 〈뉴욕타임스〉와의 인터뷰에서 삶의 의미를 묻는 질문에 이렇게 답변했다.

"글쎄 잘 생각해보지 않았지만, 나는 아마 다른 사람을 웃게 만들기 위해 태어난 것 아닐까요?"

죽음은 우리의 행복을 빼앗는 가장 강력한 실체다. 무서워서라기보다 내 존재가 없어진다는 점 때문에 더욱 우리를 불안하게 한다. 그런데 죽음도 유머리스트를 꺾을 순 없었다.

강사협회에서 몇 번 만났던 채규철 선생은 총각 시절 최고의 꽃미남으로 불렸는데 사고로 화상을 입어 흉측한 얼굴로 바뀌었다.

처음에는 죽음보다 못한 인생이라고 괴로워했다. 그를 구원해준 건 유머였다. 화상 입은 얼굴을 오히려 즐기기 시작한 것이다. 순간 세상이 즐겁게 돌아갔다.

"내가 바로 ET야. 이미 타버린 사람이란 뜻이지."

"내 얼굴 너무 보지 마. 닳는단 말이야. 이거 비싼 얼굴이라고. 돈을 얼마나 들인 건데."

생활고에 시달리고, 불우한 환경에 처하고도 초연해질 수 있는 사람은 극히 드물다. 그러나 그런 마음을 가지려고 노력하는 사람은 남과 다르다. 건설적이고 건강한 마음을 갖는다는 것은 스스로 축복을 만드는 일이다. 축복이란 누가 쏟아주는 게 아니다. 마음 하나 바꾸면 된다.

5장

유머로 소통하는
10가지 기법

기법 1

소통의 열쇠는
자존감에 있다

대통령에 당선된 후 유권자에게 감사하란 조언에 드골은 다음과 같이 대답했다.

"프랑스가 프랑스에게 어떻게 감사하는가?"

도발적일 정도로 엄청난 자존감이다. 이 자존감이 인간적인 매력을 높이고 프랑스인을 열광하게 했다.

소통을 위한 가장 중요한 열쇠는 바로 자신 안에 있다. 바로 '자아존중감(self-regard)'이다. 자아존중감, 즉 자존감은 글자 그대로 '자기 스스로를 존중하는 마음'이다. 우리가 흔히 자존심이라는 말을 많이 쓰긴 하지만, 자존감과 자존심은 다른 의미를 가지고 있다. 자존심이 자신의 잘난 점을 부각시키는 것이라면, 자존감은 자신을 소중하다고 생각하는 것이다. 자신을 유능하고 중요하며 성공적이고 가치 있다고 생각하는 것이다.

자존감이 높은 아이는 스스로에 대한 높은 기대와 확신을 갖고 있어 하는 일에 최선을 다하며 도전을 즐기기 때문에 많은 일에서 성공할 확률이 높다.

자존감을 가지고 있는 사람은 역시 다른 사람 또한 소중하게 여긴다. 상대방이 존중받고 있다고 여긴다면 소통이 이루어지는 건 말할 필요도 없다.

머뭇거리고 주저하는 모습을 보인다면 당신은 진정한 소통에 성공하기 힘들다. 신뢰가 안 간다. 반면 확신에 찬 사람의 말은 왠지 신뢰감이 생기고 따르고 싶은 게 인지상정이다. 소통을 원한다면 우선 자존감을 높일 일이다.

기법 2

솔직하게
자신을 드러내라

러시아 우주인과 암스트롱, 부시가 대화를 나누고 있었다.

러시아 우주인이 말했다.

"우리가 처음으로 우주에 갔지."

암스트롱이 말했다.

"달에는 우리가 처음 갔지."

부시가 말했다.

"그렇다면 내가 처음으로 태양에 갈 거야!"

러시아 우주인과 암스트롱이 고개를 저으며 말했다.

"바보야, 태양에는 착륙할 수가 없어. 타 죽을 거라고."

그러자 부시가 답했다.

"밤에 가면 되지!"

미국 경영컨설턴트 키스 페라지는 "다른 사람에게 자신의 부족함을 당당하게 드러내는 데 주저하지 말아야 한다"고 말한다. 일반적으로 사람들은 인간적인 약점을 보이면 전문성에 대한 신뢰가 떨어질까 걱정하지만 전혀 그렇지 않다는 것이다. 사람들은 완벽한 사람보다 약간 빈틈이 있는 사람을 더 좋아하기 때문이다. 상사로서 잘못을 인정하는 모습은 비난이 아닌 존경과 감동을 불러일으킨다.

개그맨들이 가장 많이 연구하는 건 자신을 최대한 망가뜨리는 것이다. 채플린의 기우뚱 스텝, 배삼룡의 비실비실 춤, 이주일의 수지큐, 개그콘서트 갑을컴퍼니의 김준호를 떠올려보라. 그들의 우스꽝스러운 모습에서 사람들은 친근함을 느낀다.

많은 사람들이 자신을 드러내고자 할 때 좀 더 멋진 모습으로 보이기 위해 애를 쓴다. 억지로 위장된 모습을 보이는 것은 오히려 당신의 모자란 속내를 드러내는 것일 뿐이다. 당신의 실수담을 밝히고, 이기적인 속마음을 드러내라. 당신이 망가질수록 사람들은 우월감을 느낀다. 그 우월감은 웃음으로 나타난다. 하지만 정말 못난 사람이 되란 말은 아니다. 당신이 짐짓 못난 척하면 상대도 알고 편안히 웃는다. 하지만 당신이 진짜 못난이라면 아무도 당신을 보고 웃지 않는다. 의도적으로 망가질 때 청중은 편하게 웃는다. 의도적인 망가짐! 이게 웃음의 원리다.

적극적으로
경청하라

영국 유명 작가 찰스 다튼은 거구였고 버나드 쇼는 깡마른 체질이었다. 찰스가 버나드 쇼의 마른 몸을 놀렸다.

"남들이 자네를 보면 우리나라가 엄청난 대기근에 시달리는 줄 알겠네."

그러자 버나드 쇼가 눈을 데구르르 굴리더니 반격했다.

"남들이 보면 그 기근을 자네가 일으켰다고 믿겠네."

상대가 한 말의 핵심은 기근이다. 기근이란 단어에서 힌트를 얻어 반격하는 센스는 경청에서 나왔다.

사람은 누구나 이야기를 잘 들어주는 사람을 친근하게 느낀다. 친근하게 여기는 사람에게 마음의 문을 보다 쉽게 연다. 세일즈에서 최고의 자리에 오르는 사람들의 비결을 들어보면 대부분 상대방의 이야기를 잘 들어주는 것이 시작이었다고 말한다.

그런데 요즘 우리 사회는 타인의 말에는 귀를 막고 자신의 의견만 쏟아내는 '불소통의 시대'라고 할 만하다. 서로를 인정하지 않고, 세대가 불신에 둘러싸여 있다. 대화와 타협, 양보를 찾기가 힘들다.

적극적 경청의 방법으로는 먼저 상대방과 눈맞춤을 하고, 고개를 끄덕이며 적절한 표정을 지어준다. 그리고 질문한다. 그의 이야기에 집중하고 있다는 표시이다. 하지만 많이 말하지는 말아야 한다.

듣는 사람보다 말하는 사람이 더 많은 우리 시대에 상대의 말을 귀 기울여 듣는 것이 얼마나 중요한 소통의 방법인지 인식할 필요가 있다. 제대로 듣지 않는 사람은 제대로 말할 수 없는 법이다.

기법 4

목숨 걸고
공감하라

산토끼의 반대말은?

답은 끼토산!

이 정도 레벨의 유머에도 외국에선 5분 동안 박장대소한다. 유머를 던진 사람을 배려하는 자세가 있기 때문이다. 반면 우리나라에선? 어디서 석기시대 유머를 던지느냐며 돌 맞는다. 우린 안 웃는다. 웬만해선 웃길 수가 없다. 우리나라 개그맨들이 세계에서 가장 요란하게 웃기는 데는 이런 가슴 아픈(?) 사연이 숨어 있다.

세계적인 진행자 오프라 윈프리나 우리나라 최고의 MC 유재석이 인기를 끄는 이유는 바로 공감, 맞장구에 있다. 두 사람은 상대의 이야기를 가슴으로, 몸으로 이해해주고 바로 맞장구를 쳐주는 것으로 유명하다. 그들은 상대방의 감정을 그대로 받아들여 이야기에 빠져든다. 그들의 태도에서 '나는 당신을 흥미 있는 사람, 중요한 사람이라고 생각합니다. 그리고 당신의 생각과 감정에 공감합니다'라는 마음을 느낄 수 있다. 두 사람 앞에서 많은 이들이 마음의 문을 여는 이유이다.

사람은 타인으로부터 진심으로 신뢰를 받고 있다고 느끼면 우호적인 반응을 나타낸다. 사람들이 당신의 말에 귀를 기울이고, 당신에게 호감을 갖기를 바란다면 먼저 공감하라.

"내가 당신이었더라도 그렇게 생각했을 것입니다."

공통점을
찾아라

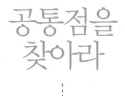

마누라와 국회의원의 공통점

1 자기는 할 일이 너무 많아서 바빠 죽겠다고 하는데 내가 보
   기에는 매일 노는 것 같다.

2 무슨 돈 쓸 일이 그렇게 많은지 매일 돈이 부족하다는 소리
   뿐이다.

3 내가 원해서 된 사람이지만 시간이 지날수록 영 마음에 들지
   않는다.

4 내가 자기를 좋아하는 줄 안다.

5 자기가 하고 싶어서 하면서도 꼭 내 핑계를 댄다.

6 말로는 도저히 상대가 안 된다.

인간관계를 어려워하는 사람은 타인과의 차이점만 찾아낸다. "이 사람은 나랑 이게 달라, 저 사람은 나랑 이게 달라." 하지만 소통하는 사람은 공통점을 찾으려 한다. 상대방과의 공통점을 찾고 나면 다른 의견을 말하기가 훨씬 수월해진다.

많은 사람들이 서로가 지닌 차이점을 극복하지 못한 채 어려움을 호소하고 결국에는 모든 것을 포기한 채 물러서지만, 소통의 대가들은 공통점을 찾을 수 있다고 믿으며 결코 포기하지 않는다.

사람들이 자신과 다른 사람들을 평가하고 배척하기보다 서로의 공통점을 찾기 위해 노력한다면 궁지에 몰렸던 소통의 문제도 새로운 장을 마련할 수 있다. 설령 그 공통점이 같은 축구팀을 응원하거나 같은 커피를 즐겨 마시는 사소한 것일지라도 말이다.

그리고 상대방에게서 공통점을 찾는 일은 생각보다 어렵지 않다. 전혀 이질적인 것들에서 공통점을 찾고자 하는 상상력, 그 공통점을 그럴듯하게 풀 수 있는 순발력이 있다면 당신은 1등급 소통 능력자이다.

기법 6

다른 시각으로
바라보라

엄마를 따라 병원에 온 코봉이가 물었다.

"엄마, 의사들은 수술할 때 왜 마스크를 하는 거예요?"

그러자 엄마가 말했다.

"그야 수술이 실패하더라도 환자가 자기 얼굴을 기억하지 못하게 하려고 그러는 거겠지."

한참 강연 중인데 지각생이 들어온다.

"지금 오십니까?"

이러면 당사자는 얼굴이 빨개지며 고개를 들지 못한다.

"참 훌륭하십니다. 다른 분들은 부담되어 들어오지 않는 경우도 있는데 늦었지만 당당히 들어오는 자세! 박수 받을 만합니다."

웃음과 함성. 그는 열정을 가진 청중으로 변신했다.

방을 치우라는 부모님의 잔소리, 성적이 떨어졌다는 선생님의 꾸중, 보고서가 제대로 작성되지 않았다는 직장 상사의 지적을 긍정적으로 받아들이려고 노력하는 순간 심술궂게만 여겨지던 윗사람의 모습이 좋게 보였던 경험을 한 적이 있을 것이다. 끔찍하게 하기 싫었던 일들도 놀랄 정도로 향상된다.

같은 말, 같은 상황이라도 얼마든지 다양한 해석이 나올 수 있다. 어떻게 대처하느냐에 따라 엄청난 행운이 찾아오기도 하고, 끔찍한 재앙이 일어나기도 한다. 우리 시대의 가장 위대한 발견은, 단순히 태도를 바꾸기만 해도 삶을 변화시킬 수 있다는 진실이다.

기법 7
격려하라

아내가 옷을 입지 않은 채 침실의 거울에 비친 자신을 바라보고 있었다. 그녀는 자신의 모습이 마음에 들지 않은 듯 남편에게 말했다.

"아주 꽝이에요, 너무 늙어 보이고 살쪄 보이고……. 이럴 때 나에게 칭찬 한마디 해줄래요?"

그러자 남편이 대답했다.

"당신 시력은 정말 완벽해!"

행복은 강요(must)가 아니라 격려(can)에서 온다. 우리는 살아오면서 가정에서, 학교에서, 정부로부터, 종교로부터 끊임없이 강요를 받았다. 엄마가 다 해줄게, 넌 못난 인간, 싹수가 노란 인간, 넌 원래 한심하다, 넌 원래 죄인이다, 이래야 한다 저래야 한다, 넌 무

능력해, 시키면 시키는 대로 해……. 그 결과 대부분의 사람은 죄의식, 피해의식, 우월감, 열등감이 가득하게 되었다. 사람들 얼굴을 보라. 개인은 행복하지 않고 사회는 어둡다.

이제 이렇게 격려하자.

넌 자격이 있다, 넌 매력 있다, 넌 훌륭하다, 넌 자유의지가 있다, 넌 신의 능력을 가지고 있다, 네가 선택하는 대로 모든 게 이루어진다, 네 풍요·행복·성공·성장은 네가 선택하는 순간 네 것이다, 넌 행복의 창조자다, 넌 지금 여기에서 있는 그대로 우주만큼이나 완전하고 꽃만큼이나 사랑스럽다.

1 말이 많은 사람에 대하여 말할 때 – 사교성이 많으시군요.
2 고집 센 사람에 대하여 말할 때 – 주관과 소신이 있군요.
3 아부하는 사람에 대하여 말할 때 – 애교가 넘치시는군요.
4 나서서 설치는 사람에 대하여 말할 때 – 적극적이시군요.
5 느린 사람에 대하여 말할 때 – 여유가 있으시군요.
6 신경질적인 사람에 대하여 말할 때 – 샤프하시군요.
7 과격한 사람에 대하여 말할 때 – 터프하시군요.

기법 8

웃음으로
스트레스를 날려라

놀부가 죽어서 천국과 지옥의 갈림길에 섰다.

이리저리 둘러보니 여기저기에 시계가 보였다.

놀부 : 여긴 왜 이렇게 시계가 많이 걸려 있죠?

저승사자 : 저 시계들은 자신이 나쁜 일을 많이 하면 할수록 빨라지는 시계이다.

저승사자의 말을 들은 놀부는 자신의 시계를 찾아보았는데 아무리 찾아도 보이지 않았다. 그래서 놀부는 의아해하며 저승사자에게 물었다.

놀부 : 전 나쁜 일을 하지 않아 시계가 없나 봐요?

저승사자 : 네 시계는 너무 빨리 돌아서 옥황상제님께서 선풍기로 쓰고 있다!

직장인을 대상으로 설문조사를 실시한 결과 직장 내에서 인기 있는 동료로는 '늘 웃음으로 대하는 동료(32%)'가 '직무에 실질적인 도움을 주는 동료(30%)'를 조금 앞질렀으며, '즐거운 유머로 사무실 분위기를 바꿔주는 동료(26%)' '조용히 토닥거려주는 진실한 조언가 같은 동료(12%)'가 다음 순위였다. 팀에서 함께 일하거나 경쟁적인 프로젝트를 수행할 때 밝고 긍정적인 사람은 적개심을 없애고 협동심을 끌어올린다는 이야기다. 즉 유머 있는 사람이 일도 잘한다는 것이다.

추락하는 것에는 날개가 있고, 나를 괴롭히는 것들에게도 천적은 있는 법이다. 파리에게는 개구리가, 개구리에게는 도롱뇽이 천적이다. 마찬가지로 스트레스는 유머 한 방에 날아간다. 하루에 스트레스를 세 번 받는다면, 네 번 웃어라. 네 번 받는다면 다섯 번 웃으면 된다.

기법 9

더 나쁜 상황을
생각하라

승무원 영감은 흠잡을 데 없이 좋은 사람이었다. 항상 고객 만족, 고객 감동에 최선을 다했다. 한 가지 흠이 있다면, 나이가 많아 눈이 좀 침침하다는 거.

하루는 서울역에서 탄 젊은 사업가가 신신당부를 했다.

"아저씨, 저 대구에서 꼭 깨워주세요. 부산까지 가면 큰일나요. 그런데 저는 잤다 하면 호랑이가 물어가도 모르니까 발로 차서라도 대구에서 깨워주세요."

"염려 마슈, 젊은이!"

그런데 정신을 차려보니 부산이었다. 화가 머리끝까지 치밀어 오른 사업가는 그 승무원을 찾아가 멱살을 잡고 난리를 쳤다. 다른 승무원들이 놀라서 다가오자 영감이 말했다.

"허허 그래도 이 인간은 아무것도 아녀. 아까 대구에서 내린 놈에 비하면……."

안 내리겠다는 사람 기어이 내려주다가 맞고, 부산에서 또 맞고, 일진이 나쁜 영감님이다. 그래도 웃는 저 모습을 보라. 그렇다. 아무리 나빠도 더 나쁜 것에 비하면 좋은 법이다.

속상한 일을 당할 때는 더 나쁜 상황을 생각해보라. 더 나쁜 것보다는 낫지 않은가? 한여름 더워서 괴로운가? 그러면 친구들과 어울려 맥주 한 잔 하며 더 더운 곳을 떠올려보라.

"우리 삼촌은 예전에 사우디에 일하러 가셨는데, 대낮에 차 보닛 위에 계란을 깨면 바로 프라이가 된다는 거야."

아무리 더워도 더 더운 곳에 비하면 천국이다. 아무리 추워도 더 추운 곳에 비하면 천국이다. 날씨가 좀 추운데 보일러가 안 들어오는가? 그런 일로 화내는 것보다 옛날 이야기 하면 어떨까?

"6·25 땐 한겨울에 산에서 자는 게 다반사였다는군. 그에 비하면 요즘은 참 감사한 일이야."

유머가
힘이다

수년 전 세계 언론이 백악관 유머 디너를 앞다투어 보도했다. 로라 부시의 연설 중 나온 유머 멘트 때문이었다.

"오늘은 특별한 밤입니다. 평소엔 이미 남편은 곯아떨어져 있을 시간이죠. 그리고 저는 〈위기의 주부들〉이라는 드라마를 시청합니다. 위기의 주부들이 따로 있습니까? 제가 바로 위기의 주부랍니다."

그 한마디로 영부인 로라 부시는 좌중의 웃음을 자아냈고 도서관 사서 출신이라는 딱딱한 이미지를 벗을 수 있었다.

레이건 전 대통령이 대통령 선거를 앞두고 한 토론회에서 "당신이 너무 나이가 많아 업무를 수행할 수 없다는 게 사실이냐?"는 사회자의 날카로운 질문을 받았다. 이에 레이건은 탁월한 유머 멘트를 통해 오히려 경쟁 상대의 기를 확실히 꺾어놓았다.

"저는 이번 선거에서 나이를 문제 삼지 않을 겁니다. 상대편 후보가 너무 젊기 때문에 경험이 없다는 점을 공격할 만큼 아량이 없진 않습니다."

세계적인 석학 대니얼 핑크는 "21세기에는 유머가 진정한 파워이다"고 말했고, 하버드대 심리학과에서는 "하버드 안에서도 성공하는 인재들의 공통점은 세상을 유머러스하게 보는 것이다"라고 분석한 결과도 있었다.

건강한 유머는 직장에서도 긍정적인 효과로 되돌아온다. 인간은 한 번 웃으면 자신을 웃게 한 사람에게 설득당하는 경향이 있다. 그러므로 연사인 당신의 유머 능력은 곧 리더십에 결정적인 도움을 준다. 유머는 설득력을 향상시키고, 친밀감을 높여주며, 자발적 팔로워를 만든다. 유머가 가장 큰 힘이다.

유머 강사 김진배의 유머 프로그램

• 창의력과 아이디어 넘치는 모습이 되기를 원하십니까?

• 고객을 설득시킬 수 있는 재미있고 감동적인 화술을 원하십니까?

• 임직원들의 사기 진작과 생산성 향상이 요구되십니까?

• 원만한 대인관계와 리더십이 필요하십니까?

1. 유머 특강 프로그램(기업, 공공기관 출강)

– 주제: 소통 유머(전 직원 대상)

– 효과: 폭소, 감동, 소통, 힐링, 긍정마인드, 화합, 스피치, 설득력, 품성

2. 송파구 센터 프로그램(개인)

– 유머 스피치, 웃음 치유, 행복대화법, 토막극, 애드립

– 대상 : CEO, 강사, 지도자, 주부, 학생, 레크리에이션 및 웃음치료 활동가,

집필 희망자, 교육 진행자

– 시간표 : 월요일 오전 11:00～12:30, 목요일 오후 8:00～9:30

토요일 오후 3:00～4:30

한국유머센터

서울시 송파구 가락동 102–24 (3, 8호선 가락시장역 로데오거리 입구)

(02)473–5378, 011–784–5378 | humor119@naver.com | www.humorlife.com

인간관계의 장벽을 뛰어넘는

소통
유머

초 판 1쇄 발행   2010년 8월 23일
개정판 1쇄 발행   2013년 5월 15일
개정판 3쇄 발행   2014년 2월 11일

지은이 | 김진배
펴낸이 | 한순 이희섭
펴낸곳 | 나무생각
편집 | 양미애 양예주
디자인 | 김서영
마케팅 | 박용상 이재석
출판등록 | 1998년 4월 14일 제13-529호
주소 | 서울특별시 마포구 월드컵로 70-4(서교동) 1F
전화 | 02)334-3339, 3308, 3361
팩스 | 02)334-3318
이메일 | tree3339@hanmail.net
홈페이지 | www.namubook.co.kr
트위터 ID | @namubook

ISBN 978-89-5937-331-4 03320